CALEBASSE
ricerche

Angela Colonna

GENEALOGIA DEL PRESENTE E STORIOGRAFIA DELL'ARCHITETTURA

Appunti dalla didattica e per la ricerca

CALEBASSE

ISBN 978-88-940593-7-3

INTRODUZIONE

Il termine "genealogia", insieme al termine "fenomenologia", accompagna l'esperienza del corso di laurea in Architettura a Matera. Con questi due termini ho dovuto confrontarmi, interrogarmi, prendere posizione, e da tale occasione deriva questo libro.

Le circostanze, dunque, sono le seguenti: con l'istituzione della Facoltà di Architettura[1] a Matera, nell'anno accademico 2008-09, è stato avviato il Laboratorio di Genealogia dell'Architettura, collocato come laboratorio didattico al primo anno di corso, e composto dall'integrazione dei moduli di Teoria e Tecnica della Progettazione Architettonica, Disegno dell'Architettura, Urbanistica, Storia dell'Architettura, e coordinato da quest'ultima disciplina.[2] Contestualmente con la Facoltà di Architettura è stato avviato il dottorato internazionale in *Architecture and Urban Phenomenology*, con il XXIII ciclo.[3]

---

[1] La facoltà è nata con l'istituzione di un corso di laurea in Architettura, quinquennale a ciclo unico, a numero chiuso (72 posti), con titolo europeo.

[2] Il corso di laurea (oggi detto corso di studio) in Architettura a Matera prevede ad ogni anno un laboratorio progettuale, di circa 21 crediti formativi, composto da più discipline di cui la Composizione Architettonica è materia caratterizzante, mentre a un'altra disciplina, specifica per ogni anno, è affidato il ruolo di coordinamento, secondo la seguente sequenza: al primo anno c'è il Laboratorio di Genealogia coordinato dalla Storia dell'Architettura, al secondo anno quello di Rappresentazione coordinato dal Disegno, al terzo anno quello di Fenomenologia con il coordinamento della Composizione Architettonica, al quarto anno il Laboratorio di Costruzione con il coordinamento della Tecnica delle Costruzioni, mentre al quinto anno c'è il Laboratorio di Tesi.

[3] Fino al 2013 il dottorato si è articolato in tre *curricula*: la Progettazione architettonica (ICAR 14), il Disegno dell'Architettura (ICAR 17) e la

Qui raccolgo e organizzo alcune riflessioni sul tema della genealogia prodotte nel lavoro di insegnamento della Storia dell'Architettura e con l'esperienza del dottorato internazionale[4] nell'Università degli Studi della Basilicata. La ricerca e la sperimentazione che riporto riguardano il metodo storiografico e l'approccio didattico, intrecciando queste due questioni con l'idea di "genealogia del presente"[5].

Perché genealogia? In che relazione con la fenomenologia? In che relazione con il metodo storiografico e con la didattica della storia dell'architettura? Cosa significa "genealogia del presente"? Perché titolare il laboratorio di primo anno del corso di laurea in Architettura con il termine di genealogia? Perché l'associazione privilegiata di questo laboratorio proprio con la storia, per svolgere al primo anno di corso di studio la funzione di "iniziazione" al percorso formativo dell'architetto? Sono gli interrogativi che mi sono ripetutamente posta nell'arco di questi anni, mentre si è andato testando il duplice e sinergico progetto di corso di laurea in Architettura e di dottorato internazionale, e a cui ho continuato ad abbozzare frammenti di risposte che si sono nel tempo collegati tra loro e arricchiti di approfondimenti e di intrecci con alcune domande esistenziali.

Per ogni viaggio ci serve sapere dove desideriamo andare, da dove partiamo e come arrivarci, ovvero con quali mezzi, strumenti, mappe. Di questo mio viaggio la meta desiderata è una storia per la vita,

---

Storia dell'Architettura (ICAR 18). Con l'Università della Basilicata le sedi universitarie consorziate sono state Salerno, Reggio Calabria, Roma 3, Napoli Federico II, Madrid, Lisbona, Brema.

[4] A partire dal 2008 ho svolto attività didattica in Storia dell'Architettura sia nel Laboratorio di Genealogia dell'Architettura, che ho coordinato, sia nel dottorato internazionale di cui sono stata membro del consiglio e vicecoordinatrice.

[5] *Fenomenologia e Storiografia per una "Genealogia del Presente"* è il titolo del mio intervento al Primo Seminario Internazionale in "Fenomenologia e Genealogia dell'Architettura (di Lisbona)" organizzato dalla *Faculdade de Arquitectura da Universidade Técnica de Lisboa* ad aprile del 2010, e pubblicato in *AR. Cadernos F.A.U.T.L.*, n°8, Lisboa, marzo 2013.

come strumento del miglioramento personale e per il miglioramento dell'insieme. Proprio come la storiografia vuole cogliere il senso dei fenomeni attraverso l'indagine dei contesti, dei paradigmi, dell'episteme di un'epoca, così per contribuire occorre uno sguardo nuovo, a partire dal vedere i tanti pre-giudizi che fanno da filtro tra me e l'esperienza. Si tratta di un allenamento a coltivare la conoscenza di come funziono, sia nella vita che nel lavoro di storica e di insegnante di storia, e le cose sono intrecciate tra loro.

Provo, dunque, a muovere da alcune sollecitazioni che prendo strumentalmente dall'approccio fenomenologico.

A questo si aggiunge la considerazione che dal giovane ambito di ricerca neuroscientifica giunge l'approfondimento di alcune comprensioni circa il modo di funzionare del cervello che si rivelano di grande utilità sia per contattare la radice del nostro sentirci esseri sociali e storici, sia per meglio collocare il ruolo dell'arte nell'esperienza umana. Ad esempio, ci si interroga circa la funzione della creatività e il ruolo da questa ricoperta per l'evoluzione della specie umana, con domande circa l'esistenza strutturale di una competenza estetica e di una categoria innata di bellezza; mentre alcune scoperte ci fanno capire come risuoniamo con gli altri e come organizziamo le nostre esperienze, ovvero il fatto di essere in relazione intima con la comunità a cui apparteniamo e con l'epoca in cui viviamo, e che guardiamo le nostre singole vite come altrettante storie.

Del resto c'è un contatto storico tra la fenomenologia, un pensiero filosofico nato alla fine dell'Ottocento, e le neuroscienze, attraverso il lavoro del neurobiologo Francisco Varela che negli anni Novanta del Novecento propone la "neurofenomenologia".

Nel percorso tracciato in questo libro il luogo di partenza è il passaggio epistemologico in cui siamo immersi e che connota anche il territorio della storiografia. Siamo nel bel mezzo di una trasformazione profonda, così come è in evoluzione lo statuto delle scienze storiche con le teorie e le esperienze della storiografia su cui poggia il nostro lavoro oggi. Della trasformazione della storiografia dall'Ottocento ad oggi ho provato a tracciare in modo strumentale il profilo, facendo emergere dei punti di ancoraggio per dotare di qualche solidità la scialuppa su cui viaggio, disegnando un breve itinerario per collocare le idee chiave da cui oggi possiamo muoverci.

Idee, criteri, metodi e progetti per la storiografia e per la trasmissione dei materiali della storia li ho usati come attrezzi nella costruzione di una provvisoria mappa mentale di navigazione.

Nell'ultimo capitolo riporto, come applicazione di alcune scelte strategiche e come messa a punto di alcuni strumenti di lavoro, l'esperienza didattica che ha nella titolazione il termine stesso "genealogia". Evidenzio i contenuti culturali inseriti nel Laboratorio di Genealogia dell'Architettura, il metodo e le finalità del percorso formativo, l'approccio didattico utilizzato, tutti come espressione degli spunti di riflessione proposti. La didattica è stata per me in questi anni un ambito di esperienza di grande ricchezza e di sperimentazione. Il laboratorio ha avuto come oggetto privilegiato di osservazione i Sassi di Matera, un'occasione che mi ha fatto approfondire l'approccio alla conoscenza di questo patrimonio sul piano del fare, la lettura della sua storia per comprenderne il carattere di civiltà, per comprenderne i valori, per orientare la salvaguardia di quelli perché possano operare produttivamente oggi e nel futuro. E, appunto, mi sono interrogata su inizi, origine, durata, cesure, ribaltamenti, sul presente e sulla riabilitazione del passato, su modelli, matrici e paradigmi. Mi sembra utile lasciare all'interno di questo libro una traccia della fecondazione di quei ragionamenti in un contesto di scelte progettuali strategiche che, poiché hanno come oggetto un sito patrimonio dell'umanità, si misurano con un livello evidente di esemplarità del caso e di responsabilità del compito.[6]

Mi sono spinta in questo libro anche in territori disciplinari altri sui quali non ho competenze specifiche, facendolo senza pretese e solo

---

[6] Il lavoro sui Sassi si è arricchito della prospettiva derivante dall'occasione di lavorare, come componente universitaria nel Gruppo di Lavoro interistituzionale istituito dall'amministrazione comunale nel 2011, al Piano di Gestione del sito UNESCO di Matera, e insieme a Domenico Fiore, già redattore della Bozza del piano, alla stesura finale del piano, approvato dal Comune di Matera nel 2015.

in maniera strumentale, per un'esigenza che sento forte, quella di provare a trovare i nessi tra quante più cose entrano nell'orbita della mia attenzione e curiosità.

RINGRAZIAMENTI

Devo l'opportunità di meditare e di sperimentare su questi temi al fatto di essere stata coinvolta nella fase affascinante e di intenso lavoro di avvio del corso di laurea in Architettura a Matera e del dottorato internazionale in *Architecture and Urban phenomenology* nell'Università degli Studi della Basilicata, che hanno avuto la fenomenologia e la genealogia come termini di caratterizzazione forte. Ringrazio per questo i colleghi con cui ho condiviso questa stimolante avventura che, come membri di in una ridottissima compagine, sono stati per alcuni anni gli interlocutori quotidiani in una stagione densa di ragionamenti e di azioni, di progetto e di logistica, di voli pindarici e di arte dell'arrangiarsi per risolvere mille incombenze pratiche: Armando Sichenze e Ina Macaione, Nicola Cardinale, Antonio Conte e Michelangelo Laterza, ognuno di loro portatore di qualità e tratti caratteriali specifici che hanno stimolato in me la riflessione, il confronto e la sfida ad approfondire l'osservazione e l'argomentazione, obbligandomi a migliorare.

In questo lavoro sento che molto devo alle sollecitazioni che mi vengono dalla lettura dei libri di Patrizio Paoletti e dalla sua Pedagogia per il Terzo Millennio, e da alcuni suoi seminari, tutti nutrimenti che mi hanno permesso di connettere idee e riferimenti, e che mi hanno sensibilizzato a godere della meraviglia delle possibili relazioni tra le cose e a vedere l'altro come "mia espansione neurale".

Dedico questo lavoro al caro amico e sensibile storico del mondo mediterraneo medievale e moderno Ennio Concina, che ha tenuto le sue ultime lezioni proprio a Matera dove, con la sua raffinata competenza e con la sua amabile capacità di dialogo con gli studenti e con noi colleghi, ha arricchito il Laboratorio di Genealogia. Sono felice di averlo conosciuto, testimonianza di una intensa vita di studio, appassionato, curioso e costruttore di relazioni tra le persone, i saperi e i luoghi.

CAPITOLO 1

Circa la storiografia: spunti dalla fenomenologia

Perché dedicare alla fenomenologia un dottorato internazionale sull'architettura e la città e un laboratorio didattico al terzo anno di corso di laurea in Architettura? In che modo può interessare a chi, come me, si occupa di storia?

Qualche nota per contestualizzare. Nell'ambito del dibattito sulla mente che vede impegnati filosofi e psicologi alla fine del XIX secolo, Edmund Husserl sviluppa un particolare approccio allo studio dei processi cognitivi in relazione alle questioni della coscienza e dell'esperienza, e lo chiama "fenomenologia". Tra filosofia della mente e scienze cognitive, la fenomenologia mette da parte le domande di tipo metafisico per concentrarsi sul fenomeno come oggetto di indagine, dove l'oggetto reale è l'esperienza. "Tornare alle cose stesse" è il motto di Husserl, ovvero la fenomenologia cerca di comprendere e descrivere la struttura esperienziale della vita mentale/corporea dell'individuo, usando come metodo di lavoro il fatto di partire appunto da quanto esperito e cercando di evitare i pregiudizi metafisici e teorici. La tradizione di pensiero costituita dalla fenomenologia, che vuole essere un'impresa filosofica e non una disciplina empirica, e che ha come protagonisti Edmund Husserl, Martin Heidegger, Maurice Merleau-Ponty, Jean-Paul Sartre, descrive il mondo attraverso l'esperienza, ovvero dalla prospettiva della prima persona.

Perché la fenomenologia, che interroga la realtà osservandola nella relazione tra il fenomeno e la sua percezione, può essere interessante per la storia dell'architettura? Come può apportare un contributo alla storiografia in termini di metodo e di approccio?

Provo ad avvicinarmi strumentalmente alle questioni relative alla storiografia individuando alcuni temi cruciali per quest'ultima e ampiamente indagati dalla fenomenologia: come primo punto le coppie di prospettiva in prima persona/prospettiva in terza persona, o di soggettivo/oggettivo, e andrebbe approfondito se le due coppie di termini possano essere trattate come sinonimi oppure no; come secondo punto il tema della temporalità nei suoi aspetti di durata, continuità, discontinuità, accelerazione, ritardo, ritorno, a cui si collega il tema della memoria e il tema dell'immaginazione; come terzo punto la questione della ricomposizione della dicotomia tra discipline umanistiche e scientifiche, che in parte rimanda al primo punto.

Ad esempio, al primo punto si potrebbe collocare la domanda se lo storico possa "ricostruire" la storia o possa solo fare "costruzioni storiografiche"; al secondo punto il tema delle cronologie storiche e della "linea del tempo", delle varie forme di ritorni - i vari "ismi" e "neo" - che incontriamo nelle narrazioni storiche[7]; al terzo punto la questione se la storia possa avere o no statuto di scienza.

1.1 *Soggettivo / oggettivo*

Torniamo al fenomeno e alla **percezione** per iniziare a ritagliare un sentiero utile a esplorare i territori della storiografia e per inquadrare una relazione con la genealogia.

In prima istanza, è possibile percepire un fenomeno nella sua oggettività?

Quando e quante volte consideriamo oggettivo qualcosa o qualche esperienza o qualche descrizione, ovvero intendendo che quel qualcosa non sia condizionato da chi ne parla, o da chi ne esperisce? Quando e quante volte invece consideriamo soggettivo qualcosa, nel senso che ci sembra dipendere dal soggetto dell'esperienza o della narrazione?

Per la fenomenologia non esistono prospettive pure in terza persona per lo stesso motivo che non è possibile uno sguardo da nessun luogo, né è possibile guardare alle nostre esperienze dall'esterno. Merleau-

---

[7] Sui ritorni, ad esempio Erwin Panofsky ha affrontato il tema del classico e dei classicismi nel suo *Rinascimento e rinascenze nell'arte occidentale*, Feltrinelli, Milano 1991 (Stockholm 1960)

Ponty, nella sua *Fenomenologia della percezione*[8], critica come ingenuo o disonesto lo statuto della scienza come prospettiva in terza persona, dal momento che comunque anche lo scienziato nella pratica scientifica non può prescindere dalla sua esperienza in prima persona del mondo. Proviamo a storicizzare, ovvero a contestualizzare, interrogando queste questioni dal punto di vista dell'episteme in cui siamo immersi, cioè la mentalità del nostro tempo. La lente attraverso cui la realtà è filtrata nel nostro tempo fa i conti con lo statuto di oggettività che le scienze esatte si attribuiscono. Quelle scienze, che nascono dall'indagine empirica e dall'osservazione diretta, sono prodotti, insieme alla filologia, della rivoluzione dell'Umanesimo. Lungo tale direttrice, che potenzia la tecnologia, troviamo il paradigma del **"progresso"**. Parallelamente allo sviluppo dello statuto di oggettività, nel nostro tempo cresce anche lo statuto di soggettività, che ugualmente trova casa nell'idea di "progresso", ovvero l'idea secondo cui l'uomo può modificare illimitatamente la natura come altro da se. Se uomo e natura sono visti come separati, succede che, con la progressiva crescita del potere della tecnica, l'uomo applichi sulla natura uno sguardo esterno e la possibilità di un'azione illimitata, eccedente la misura naturale. Il motto di questo modello è "natura matrigna", per cui il compito dell'ingegno umano è di superare quel limite a cui la natura ci costringe. In questo dualismo tutto moderno, ben espresso dalla frase di Cartesio "cogito ergo sum", uomo e natura si fronteggiano, l'uomo è in quanto soggetto pensante, la realtà è in quanto da lui pensata, e al di là del suo pensare non esiste alcuna realtà oggettiva.

Dunque, in Occidente, in un arco temporale che va dalla rivoluzione umanistica alla crisi odierna del paradigma del progresso, si è consumato un intero percorso che definisce cosa intendere con oggettivo e cosa con soggettivo. In questo la conoscenza della realtà si struttura in forme sempre più specializzate e segmentate.

Il paradigma è un filtro, culturalmente impiantato sugli occhi di un'intera società, tanto da connotare un'epoca, e definisce il valore attribuito alle cose. Il paradigma è relativo, poiché varia da epoca ad

---

[8]   M. Merleau-Ponty, *Fenomenologia della percezione*, il Saggiatore, Milano 1980 (Paris 1945)

epoca, da cultura a cultura, da società a società.

Per un'altra strada si può vedere come ogni valutazione di oggettivo/soggettivo, vero/falso/opinabile rimandi a una questione di **scala di osservazione** dei fenomeni, poiché ciò che osserviamo di uno stesso fenomeno a una determinata scala può mutare in relazione a un'altra scala di osservazione dello stesso.

Sia la questione del paradigma, che quella della scala di osservazione dei fenomeni sono rilevanti per lo storico. La percezione della realtà, la sua interpretazione, la sua comprensione sono costantemente lo sfondo entro cui leggere ogni fenomeno storico. L'**episteme** di un'epoca, secondo l'accezione foucaultiana, è proprio il filtro con cui una società guarda la realtà, un sistema interpretativo che tocca le strutture di base della costruzione della realtà a partire, ad esempio, dai parametri di spazio e di tempo. Dunque, la questione del **paradigma** è questione rilevante per fare storiografia, e non tenerne conto corrisponde a quello che Marc Bloch considera uno dei vizi capitali dello storico, l'anacronismo[9]. Erwin Panofsky, che con il suo approccio iconologico indaga nella storia dell'arte proprio la dimensione epistemologica, affronta temi come la rappresentazione dello spazio[10] o l'antropometria[11], attraverso ampie carrellate nella storia occidentale, dal mondo antico a quello moderno. Panofsky identifica tre gradi di soggettività, nel movimento organico del corpo e nel suo movimento nello spazio, nel punto di vista dell'artista e in quello dell'osservatore. Questi tre livelli di soggettività vengono legittimati solo nel Rinascimento con l'uso di un metodo scientifico - gli studi anatomici di Leonardo e gli studi sulla prospettiva razionale -, mentre le correzioni ottiche del mondo antico erano il risultato di

---

[9] M. Bloch, *Apologia della storia o mestiere di storico*, Einaudi, Torino 1976 (Paris 1949).

[10] Panofsky indaga la rappresentazione dello spazio come forma simbolica dell'idea filosofica di spazio nelle diverse epoche nel suo *La prospettiva come forma simbolica*, Feltrinelli, Milano 1984 (Leipzig-Berlin 1927).

[11] All'antropometria Panofsky dedica il capitolo *La storia della teoria delle proporzioni del corpo umano come riflesso della storia degli stili* nel suo libro *Il significato delle arti visive*, Einaudi 1962 (New York 1955).

un approccio empirico. Così Panofsky argomenta la tesi che l'arte antica abbia un carattere oggettivo, mentre con l'arte moderna inizi uno spostamento verso la soggettività. Il carattere di oggettività o di soggettività dell'arte definisce nelle diverse epoche il ruolo dell'artista, quello del committente e la relazione tra i due. Inoltre possiamo parlare di oggettività o di soggettività come espressione del fatto che il referente per l'opera d'arte sia la natura o l'arte stessa (in una relazione di autoreferenzialità); e a questo proposito Giulio Carlo Argan parla di passaggio dall'arte come mimesi naturalistica all'arte come poetiche[12], dove nel primo caso esiste un linguaggio universale come canone (il linguaggio classico o del "vitruvianesimo", che in realtà è relativo al solo mondo occidentale), e nel secondo caso più linguaggi convenzionali codificati dalla cultura. L'arte è la **mimesi della natura** fino a quando la realtà è la natura stessa, e l'uomo, in quanto parte di quella, può imitarne le regole; quando l'uomo inizia a percepirsi come soggetto separato dalla natura e agente su di essa, il piatto della bilancia pende dalla parte dell'uomo come soggetto che percepisce la natura e la trasforma. Così l'arte non avrà più come suo statuto la comprensione e la riproduzione di quella natura (nelle diverse accezioni di naturalismo, realismo, simbolismo), ma si rivolgerà verso se stessa e, divenendo autoreferenziale, passerà dalla ricerca di un linguaggio universale all'invenzione delle molte singolari **poetiche**. Si tratta di una cesura, un cambiamento radicale: cambiando il paradigma con cui viene interpretata la realtà, cambia il paradigma con cui interpretare l'arte. Se lo storico dell'arte non tiene conto di questo rischia di interrogare l'opera d'arte con domande inefficaci o fuorvianti.

Provo a sondare la questione posta dalla fenomenologia su terza persona e prima persona e, per iniziare, mi chiedo se con il termine oggettività possiamo intendere la stessa cosa di prospettiva in terza persona, e d'atro canto se per soggettività possiamo intendere la prospettiva in

---

[12] G. C. Argan, A. Bonito Oliva, *L'arte moderna 1770-1970, L'arte oltre il Duemila*, Sansoni, Firenze 2007 (2002); la prima edizione del testo di G. C. Argan, *L'arte moderna 1770-1970* è del 1970.

prima persona. Su questo argomento la fenomenologia esprime anche un potenziale per superare la contrapposizione tra filosofia e scienza. Questo tema viene posto nell'indagine fenomenologica in un modo che potrebbe essere utile anche per una delicata questione storiografica, e si riassume così: «quando si indaga la coscienza, si suppone che i dati in terza persona siano sull'esperienza in prima persona del soggetto»[13]. Ovvero sono confrontabili i tipi di esperienze ma non quanto di specifico è stato esperito.

Provo a fare uno slittamento: tra soggettivo e oggettivo, per non cadere da un lato nel totalitarismo di una soggettività che rende impossibile alcuna comunicazione e condivisione, e dall'altro nell'ingenuità di una generalizzata oggettività, Bloch pone la questione del rigore del metodo nel "mestiere dello storico". La regola condivisa di comportamento è il piano su cui poter accordarsi per definire la correttezza: possiamo valutare il procedimento, non possiamo valutare l'esito di quel processo, la tesi prodotta, che proprio in quanto tesi è una costruzione storiografica e non una ricostruzione/riesumazione del passato.

Continuiamo con l'indagine. La storiografi fa costruzione. Non c'è altra via? Che potere può avere una costruzione?

Al centro c'è l'interpretazione della realtà, e il mutevole equilibrio tra quanto ci sembra o consideriamo oggettivo e quanto vi sia di soggettivo nella relazione con la realtà stessa. Abbiamo già detto quanto si tratti di una questione centrale per la storiografia, la questione dell'episteme, del paradigma, del filtro attraverso cui vengono fatte costruzioni di senso.

Inoltre, il dualismo di soggettivo/oggettivo è connesso con il dualismo di uomo/natura e con quello di mente/corpo.

A partire dagli anni Novanta del Novecento scienziati come Varela e filosofi come Antonio Damasio muovono obiezioni al dualismo cartesiano di mente e corpo, e Varela utilizza al riguardo proprio le intuizioni del fenomenologo Merleau-Ponty. Viene definita la nozione

---

[13] S. Gallagher, D. Zahavi, *La mente fenomenologica. Filosofia della mente e scienze cognitive*, Raffaello Cortina, Milano 2009 (Abingdon, Oxon 2008), p.26. Il testo offre una ricostruzione storica chiara e articolata del percorso della ricerca fenomenologica, evidenziandone i metodi e le procedure.

di **cognizione "incarnata"**.

Se i fenomeni sono il modo in cui le cose appaiono, e il nostro rapporto con le cose dipende sempre dal contesto di senso, sia alla scala dell'esperienza individuale, ma anche, come episteme, alla scala di una società o di una civiltà, cosa è la **realtà**? Esiste una realtà oggettiva?

E ancora, seguendo la sollecitazione ad analizzare la relazione tra il soggetto e l'oggetto, proveniente dalla fenomenologia e affrontata da questa in termini di relazione tra l'esperienza e il processo dell'esperire, introduco un'altra domanda nell'esplorazione: esiste la possibilità per l'**arte** di essere **oggettiva**, ovvero di produrre oggettivamente una specifica esperienza in tutti coloro che la fruiscono? Questo dovrebbe comportare l'uso di un linguaggio universale e fisiologicamente accessibile. A condizione di una perfetta purezza sia del veicolo trasmettitore che del ricevente, la comunicazione sarebbe naturale oggettiva e metastorica, e la cultura del tempo definirebbe solo la convenzione linguistica. Su questo fronte si apre l'interessante esplorazione di Wassily Kandinsky, insieme a Paul Klee e con la Bauhaus, che riprenderò nel capitolo quarto di questo libro, circa la comunicazione oggettiva dell'arte, tra spirituale e pedagogia.

1.2 *Temporalità*

In stretta relazione con la storia c'è la questione del tempo, una categoria a priori della filosofia classica, insieme allo spazio, analizzato dalla fenomenologia come **coscienza del tempo**. La fenomenologia esplora questo aspetto dell'esperienza quotidiana: esperienza come flusso continuo che assume significato proprio in virtù della continuità temporale in cui si inscrive. Il mondo risulta essere per noi coerente e dotato di significato proprio in virtù del fatto che ci muoviamo nel flusso dell'esperienza, così come la capacità di muoverci nello spazio e di relazionarci socialmente sono aspetti della vita che dipendono strettamente dalle navigazioni temporali. Il movimento nello spazio fisico, la percezione unitaria di noi nel tempo della nostra esistenza, la vita intersoggettiva, la previsione e il progetto sono aspetti fondamentali che strutturano la nostra esperienza e sono tutti strettamente legati al tempo, costituiscono la struttura temporale della nostra esperienza.

Il **flusso della coscienza** è qualcosa che unifica le esperienze lungo una sequenza di passato-presente-futuro. Per Husserl l'unità di base della **presenza vissuta** è un **"blocco di durata"**, cioè un campo temporale che comprende presente, passato e futuro. Tutto ciò che percepiamo è incastonato in un orizzonte temporale, fatto di ciò che è ora attraverso l'**"impressione"**, di ciò che non è più attraverso la **"ritenzione"**, e di ciò che non è ancora attraverso la **"protenzione"**. Ritenzione, impressione e protenzione costituiscono la struttura di qualunque esperienza, e la ritroviamo sia nel caso della **percezione**, sia nella **memoria**, sia nell'**immaginazione**. Per Husserl ritenzione e protenzione non devono essere confuse con memoria e immaginazione, poichè la ritenzione può essere considerata una memoria di lavoro e la protenzione un'immaginazione di lavoro, le equivalenti temporali della periferia del campo visivo. Esse sono da considerarsi caratteristiche strutturali permanenti che consentono il flusso temporale della coscienza, ciò che rende possibile la **"sintesi di identità"**. La percezione della nostra stessa unità deriva dal modo in cui la coscienza unifica se stessa nel tempo. Questa modalità viene detta **"coscienza interna"** del tempo poiché appartiene alla struttura più intima, al come funzioniamo strutturalmente.

La percezione della durata, della successione, del cambiamento, della persistenza, tutte questioni cruciali per la storiografia, sono aspetti su cui la fenomenologia offre spunti interessanti.

La temporalità, con le sue tre dimensioni di passato presente e futuro, la durata, la memoria sono questioni connesse e che si rimandano tra loro.

L'attenzione posta dalla fenomenologia al "blocco di durata" come unità di base della presenza vissuta, e il fatto che la percezione del tempo sia collegata con la percezione della nostra unità, ovvero con la nostra coscienza unificata, sono spunti di riflessione per la genealogia del presente.

Cosa è il presente? Quanto dura?

Oggi sappiamo che a ogni esperienza cognitiva concorrono diverse regioni del cervello funzionalmente distinte e topograficamente distribuite. L'integrazione di tutti questi apporti neurali avviene attraverso un processo che utilizza tre differenti **scale di durata**: la **scala elementare** che è la quantità di tempo minima necessaria perché due stimoli siano percepiti in maniera non simultanea, la **scala di integrazione** che corrisponde all'esperienza vissuta come presente, e la **scala narrativa** che comprende la memoria.

La fase di integrazione è il tempo che serve all'esperienza per emergere, stabilizzarsi e svanire, per poi iniziare un nuovo ciclo. Questa finestra temporale è ciò che percepiamo come il presente vissuto, sempre sfuggente e incastonato tra il passato e il futuro. Si tratta di un blocco di durata, è l'"ora neuro dinamico" che per Varela è la base neurale del momento cognitivo presente, e dipende dal modo con cui il cervello analizza la sua attività. Questo "ora", il presente, ha la durata di un respiro.

La realtà umana è caratterizzata da una sorta di **tensione temporale**, per cui il presente ha come sfondo costante il passato ed è continuamente sospinto verso il futuro. Per questo motivo siamo esseri storici e membri di una comunità storica: siamo collocati nella storia, ci portiamo dietro le nostre storie, il mio passato mi condiziona nell'interpretazione del mondo e nella relazione con gli altri.

C'è una relazione tra il tempo fenomenologico e quello cosmologico? Il tempo umano sembra collocarsi tra questi due, come il tempo delle narrazioni delle nostre storie, con tutto il portato delle mediazioni simboliche della narrazione e delle aggregazioni umane, dalla famiglia alla società. La narrazione è un processo sociale ed è presente nella vita di ogni uomo fin dalla sua nascita. Il sé narrativo è una costruzione costantemente aperta a revisione, si appoggia su convenzioni e tradizioni, aspirazioni e ideali. La narrativa crea la connessione con gli altri e vive di questa connessione, forgia il nostro sé e ci fornisce lo schema per comprendere gli altri.

1.3 *Sapere umanistico / scientifico*

La nozione di cognizione "incarnata" supera il dualismo tra la realtà indagata e la mente che indaga. Husserl chiama "atteggiamento naturale" questo dualismo alla base delle scienze positive, poiché è talmente radicato da permeare la vita quotidiana. Tuttavia questo assunto è stato messo in crisi proprio dalla fisica quantistica e dalla teoria della relatività.

Oggi i tempi sono maturi per ricucire i percorsi umanistici a quelli delle scienze e per rivedere in questa direzione anche lo statuto della storia dell'arte e i metodi di lavoro su di essa.

La tradizione di pensiero costituita dalla fenomenologia sembra efficace a produrre un quadro d'insieme articolato in cui inserire le scoperte fatte dai neuroscienziati, che oggi iniziano ad osservare direttamente la fisiologia del cervello umano (dalla struttura fino alla scala cellulare, molecolare e negli aspetti della genetica), con ipotesi sul modo di funzionare dell'uomo relativamente alle funzioni del pensare, dell'esperire e del relazionarsi con il mondo e con gli altri.[14]

Il sistema **cervello-corpo-ambiente** è una struttura dinamica, e la natura temporale intrinseca dell'esperienza è il suo complemento fenomenologico.

A metà Novecento Fernand Braudel pensa alla storia nuova come il luogo di incontro della storiografia con le emergenti scienze sociali; oggi, con il panorama che le neuroscienze dischiudono davanti alle nostre domande su come siamo fatti e su come funzioniamo, si apre l'opportunità di intrecciare la lettura dei comportamenti dell'individuo e dei gruppi sociali come entità storiche con il funzionamento strutturale dell'uomo e del suo cervello, per contribuire ad arricchire

---

[14] Non è casuale che nell'equipe dei medici di Parma, guidata da Giacomo Rizzolatti, che ha scoperto i "neuroni specchio", Vittorio Gallese, uno scienziato con interessi filosofici, abbia avvicinato il gruppo agli studi di fenomenologia di Merleau-Ponty. Sulla scoperta dei neuroni specchio e sulle importanti comprensioni che ne derivano rimando ai seguenti libri: G. Rizzolatti, C. Sinisgaglia, *So quel che fai. Il cervello che agisce e i neuroni specchio*, Raffaello Cortina, Milano 2006; M. Iacoboni, *I neuroni specchio. Come capiamo ciò che fanno gli altri*, Bollati Boringhieri, Torino 2008. Nel 1996 Varela definisce con il termine "neurofenomenologia" un approccio delle neuroscienze allo studio della coscienza che incorpora la metodologia fenomenologica della tradizione husserliana. Ne *La mente fenomenologica* Shaun Gallagher e Dan Zahavi fanno un approfondito excursus sugli sviluppi dell'indagine tra filosofia della mente, scienze cognitive e fenomenologia, fino alla neurofenomenologia.

e ad aggiornare la capacità di penetrazione della realtà da parte della disciplina storica. Questo vuole dire esplorare le relazioni tra la storia e la **fisiologia umana**, attingendo alla ricchezza di informazioni che ci vengono dalle neuroscienze, e intrecciando queste nuove comprensioni di come funzioniamo con le domande classiche della storiografia e con i suoi metodi.

Un primo sguardo dentro il cervello umano, triunico[15], bicamerale lateralizzato[16] e con un funzionamento di mente modulare[17], rende ragionevole il raccordo tra filogenesi e ontogenesi, tra le epoche della storia della vita sul pianeta e le età dell'uomo, per cui si comprende l'idea della compresenza in ogni individuo di più intelligenze che testimoniano delle diverse fasi dell'evoluzione della specie, e così nella storia delle civiltà l'idea della permanenza viva della memoria del nostro passato più remoto, delle nostre radici preistoriche.

Fornisce spunti di riflessione rispetto a questo un illuminante scritto di Carlo Ginzburg circa la separazione del sapere e la nascita alla fine dell'Ottocento di un nuovo paradigma nell'ambito delle scienze

---

[15] Parla per la prima volta di "cervello triunico" Paul D. Mac Lean, intendendo che questo sia composto di parti che assolvono ognuna primariamente a uno dei tre aspetti del funzionamento dell'insieme, ovvero il cervello rettile per le funzioni istintive primarie vitali, quello limbico per le funzioni emotive e che corrisponde nella scala evolutiva al cervello dei mammiferi più antichi, e quello corticale, esclusivo dei primati, per le più recenti funzioni cognitive e razionali. Ognuna di queste componenti rappresenta uno stadio evolutivo, per cui il nostro cervello sarebbe il risultato finale di tre sedimenti stratificatisi durante l'evoluzione.

[16] Si intende la specificità esclusiva del cervello degli umani in cui le funzioni dei due lobi sono lateralizzate, ovvero sono differenziate e specializzate, condizione che si sarebbe prodotta lungo il processo evolutivo, con *homo sapiens*, a partire da un cervello che un tempo sarebbe stato bilaterale come negli altri primati.

[17] Un ampio sguardo sulle comprensioni che iniziamo ad avere sul nostro cervello attraverso le indagini neuro scientifiche è contenuto nel volume di Michael S. Gazzaniga, *Human. Quel che ci rende unici*, Raffaello Cortina, Milano 2009 (New York 2008).

umane.[18] Il nuovo modello fatto proprio dalle scienze umane è quello della semeiotica medica, un paradigma indiziario le cui radici però affondano nel mondo remoto della nostra preistoria di cacciatori. Per Ginzburg:

«forse l'idea stessa di narrazione nacque per la prima volta in una società di cacciatori, dall'esperienza e dalla decifrazione delle tracce».[19]

Il paradigma indiziario, che è anche divinatorio a seconda che il sapere sia diretto verso il passato, il presente o il futuro, costituisce il fondamento per il vasto territorio dei saperi congetturali, anche quando, con la civiltà greca, diventa implicito, perché schiacciato dal più prestigioso modello platonico di conoscenza. La cesura tra i due modelli è sancita dall'emergere del paradigma scientifico contenuto nella fisica galileiana che definisce i criteri di scientificità, escludendo così tutto ciò che non vi corrisponde. Questa linea di demarcazione allontana gli ambiti di quanto è misurabile in termini di **quantità** da quanto è valutabile per **qualità**, quanto sarebbe riproducibile e osservabile oggettivamente da quanto resta caratterizzato da un inalienabile margine di aleatorietà e interpretazione personale. La conoscenza storica, che è indiretta e indiziaria, naturalmente si colloca tra i saperi congetturali, tuttavia non le sono stati estranei tentativi di conquistare uno statuto di scientificità. A chiusura del suo ragionamento Ginzburg scrive:

«L'indirizzo quantitativo e antiantropocentrico delle scienze della natura da Galileo in poi ha posto le scienze umane in uno spiacevole dilemma: o assumere uno statuto scientifico debole per arrivare a risultati rilevanti, o assumere uno statuto scientifico forte per arrivare a risultati di scarso rilievo.»[20]

Tuttavia forse per quegli ambiti del sapere umanistico, a cui ascrivere la storia e l'arte, è proprio necessario applicare forme di sapere

---

[18] C. Ginzburg, *Miti emblemi spie. Morfologia e storia*, Einaudi, Torino 2000, capitolo *Spie. Radici di un paradigma indiziario*.

[19] Ginzburg, *Miti emblemi spie*, cit., p.166.

[20] Ginzburg, *Miti emblemi spie*, cit., p.192.

tendenzialmente mute, dove entrano in gioco elementi imponderabili come il fiuto, il colpo d'occhio, l'intuizione, ovvero competenze di una sorta di organo del **sapere indiziario** la cui "intuizione bassa" (per distinguerla da quella mistica) è radicata nei **sensi**, è ugualmente diffusa fra tutti gli uomini e in tutte le epoche e «lega strettamente l'animale uomo alle altre specie animali».[21] Dunque Ginzburg, attraverso la genealogia del paradigma in cui si colloca il sapere umanistico, giunge a un nucleo di abilità legate ai sensi, e a come funzioniamo fisiologicamente.

Dopo la fase recente, l'età contemporanea, di separazione della conoscenza tra scientifica e umanistica, i tempi sono oggi maturi per pensare un sapere unitario, che utilizzi in maniera integrata gli approcci, i modi e gli strumenti delle diverse discipline e che intrecci le competenze dei tre cervelli (istintivo, emotivo, razionale). In questa direzione sono maturi i tempi per una rivisitazione e per l'aggiornamento degli statuti e delle strumentazioni della storia e della storia dell'arte e dell'architettura.

---

[21] Ginzburg, *Miti emblemi spie*, cit., p.193.

Capitolo 2

Storia tempo memoria

La storia, le storie e le loro narrazioni prendono forma in relazione con la dimensione temporale dell'esistenza umana e con la prerogativa di avere memoria e di costruire memoria, di archiviare informazioni e di registrare dati. Queste attività e competenze sono connaturate, strutturali e coltivate, sono differenziate in diverse forme sia nella fisiologia umana che nella cultura delle diverse civiltà, hanno una necessità evolutiva per la specie ed un'urgenza sociale per gli individui e per le comunità.

In questo capitolo provo a mettere insieme il piano culturale con quello fisiologico, partendo dall'abbozzo di una genealogia della mia prospettiva, quella da cui lancio interrogativi per esplorare spazi di indagine sui temi della storiografia e delle narrazioni.

2.1 *Tra genealogia privata e appunti sulla storiografia*

Mi ricordo sin da giovane l'affiorare della domanda: perché tutto questo? A che scopo? Ho ben presente la sensazione fisica in alcuni momenti di vivere un tempo fermo, ed in altri di un'accelerazione, come se il veicolo su cui starei viaggiando andasse a singhiozzo. In quei momenti rari mi sembra di avere un qualche sentore di me, in quei momenti sento una spinta propulsiva e la sensazione netta che ci sia da giocare una partita, l'unica partita, per cui il tempo a disposizione è solo questo. Poi torno nel sonno e tutto si consuma velocemente e senza che me ne accorga. La memoria di quei momenti mi fa cercare, mi dispone, mi carica per combattere o almeno per scendere a patti con la pigrizia, per misurare le incapacità, i miei limiti, primo passo per trasformare, per migliorarmi, per fare qualcosa per me e di conseguenza per il mondo che vivo. Sento che c'è dell'altro, che non può essere solo questo "tran tran" tra il momento in cui veniamo al mondo e quello in cui lo lasciamo, nell'affanno di un'esistenza che sembra spinta da mille bisogni, da infinite emergenze, dal rimandare la sostanza a quando si saranno sbrigate tutte le urgenze, ovvero rimandando ciò che è centrale a un tempo immaginario. Il **tempo** è tutto ciò che ho, e non posso disporne con certezza se non per **questo momento**, ma questo momento ha un potere potenziale, può illuminare il mio passato e il mio futuro, può **ristrutturare la mia storia**.

Sin dagli anni giovanili mi accompagna anche l'idea che ciò che mi sembra di vedere e di conoscere della realtà possa essere semplicemente un'illusione e che la mia memoria di me e della mia vita trascorsa possa essere solo una memoria artificiale, ovvero di un passato non realmente vissuto, impiantato nella mia mente, e che invece il mio tempo sia solo quello che va da un risveglio a un addormentarmi. Ho memoria di un gioco della mia adolescenza a stabilire una data in un futuro lontano per un appuntamento con me stessa per provare a fissare la **memoria** che sin da allora mi sembrava qualcosa di etereo e fugace, imprendibile.

Forse proprio queste domande e questi esperimenti, senza che me ne rendessi conto, mi hanno portato da adulta a occuparmi di storia, ovvero della memoria dell'umanità.

La stessa domanda sul senso di questo passaggio sulla terra mi muove ogni giorno, e mi dispone a continuare a provare, per giocare, al meglio delle mie possibilità, questo gioco che dura un giro di giostra. Ho iniziato a dialogare con la mia abitudine a rimandare, ho iniziato a valutare seriamente lo spreco del tempo, ho iniziato a occuparmi di ottimizzarne l'uso.

Tempo e memoria sono le mie domande esistenziali, e solo da queste posso muovermi per affrontarle nel mio lavoro di storica e di insegnante di storia.

Negli anni della formazione universitaria ho incontrato alcuni insegnanti che hanno lasciato una traccia in me, alimentando la domanda. All'inizio degli anni Ottanta seguivo il corso di Letteratura Artistica tenuto da Franco Rella, un corso sull'**esperienza moderna della temporalità**, ovvero quella esplorata attraverso il sapere critico "della precarietà e della caducità" tra fine Ottocento e Novecento; in quegli stessi anni seguendo i corsi tenuti da Manfredo Tafuri, su Piranesi, su Venezia nel Rinascimento, mi alimentavo all'idea di un **metodo storico**[22] che, operando, doveva continuamente osservarsi e sottoporsi esso stesso a critica, ad una **"analisi interminabile"**, e al piacere di una costruzione storica che scendesse in profondità cercando le domande cruciali per comprendere gli esiti di battaglie dove si mescolano bisogni, aspirazioni, circostanze e contesti.

A quei punti di riferimento si aggiungono alcuni altri che sollecitano in me riflessioni e acquisizione di abilità o suggeriscono strategie. Di Carlo Ginzburg mi piace la sua capacità di occuparsi di qualunque oggetto, collegando cose apparentemente lontane tra loro, e in un modo sempre sorprendente, con un rigore nel metodo storico, ma anche con una apertura a sondare **strade eterodosse** o "eretiche", tanto che, scrive, riferendosi alla sua ininterrotta ricerca sulla stregoneria e poi sui "benandanti":

«anche se le connessioni tipologiche o formali erano (come sosteneva Bloch) estranee al territorio dello storico, perché, mi dicevo, non analizzarle?»[23]

Mi piace la sua capacità di osservarsi nel lavoro di storico, guardando alle relazioni tra i temi, così come mi interessa il modo con cui se ne è occupato e il fatto che tracci la propria biografia culturale ed esistenziale per costruire la genealogia di tale percorso[24], quella che lui chiama "una genealogia intellettuale privata". Ma anche mi sollecita come

---

[22] Si veda il capitolo *Il progetto storico* con cui Tafuri introduce il suo libro *La sfera e il labirinto. Avanguardie e architettura da Piranesi agli anni '70*, Einaudi, Torino 1980.

[23] C. Ginzburg, *Miti emblemi spie*, cit., p.XI

[24] C. Ginzburg, *Miti emblemi spie*, cit., Prefazione; C. Ginzburg, *Il filo e le tracce. Vero falso finto*, Feltrinelli, Milano 2006, capitolo su *Streghe e sciamani*.

all'interno di una ricerca sia attento alla **ricostruzione del procedere** per dare conto non solo degli esiti ma, altrettanto utile, del come vi sia giunto. E usa questo, sia come strumento critico rivolto verso il lavoro di costruzione storica, ma anche come strumento formativo, per la didattica, con cui allenare la competenza all'**auto-osservazione** come capacità critica in generale, e dello storico in particolare[25].

Ancora, ho consigliato a molti, studenti e amici, la lettura di un piccolo libro dal titolo *Storia, misura del mondo*, non solo e non tanto per i preziosi contenuti specifici di indirizzo per la storiografia, quanto perché testimonia il valore etico della **storia per la vita**, la responsabilità del ruolo e la scelta di contribuire di uno storico che legge la storia per orientare la **visione di futuro**, partecipando all'evoluzione del nostro tempo e della nostra specie. Il libro raccoglie le conferenze tenute da Fernand Braudel nel 1941 all'*Oflag* XII B di Magonza, il campo di prigionia nazista dove era segregato.[26] Lo storico francese introduce una delle conferenze con la frase:

«*Ho la pretesa di spiegarvi il tempo presente, al di là dei fatti contingenti e dei mutamenti della vita attuale. Non solo, ma di spiegarvi, almeno in parte, persino le circostanze che lo caratterizzano e i rivolgimenti che porta con sé*» [27]

Sono le parole di un prigioniero che racconta ai suoi compagni di sventura quale è per lui il senso vero della storia e, considerate le circostanze, testimonia la sua grande fiducia in essa, strumento di conoscenza e di misura delle cose, strumento insostituibile per "pesare la realtà".
Da Braudel, come rappresentante di un più numeroso gruppo di storici e di uomini che si sono trovati ad affrontare un presente drammatico e che hanno usato il loro mestiere per contribuire, prendo l'idea della **responsabilità individuale**, del partecipare come

---

[25] C. Ginzburg, A. Prosperi, *Giochi di pazienza. Un seminario sul "Beneficio di Cristo"*, Einaudi, Torino 1975.

[26] F. Braudel, *Storia, misura del mondo*, Bologna 1998 (Paris 1997).

[27] F. Braudel, *Storia, misura del mondo*, cit., p.27.

contributo all'evoluzione, e della fiducia nelle capacità dell'umanità a **migliorarsi**.

Mi accorgo di come questi incontri abbiano guidato in maniera selettiva la mia ricerca, pur non acquietando la domanda sul senso della mia storia, sul senso della nostra storia, domanda che resta aperta e che continua a fare da bussola al mio procedere.

Per procedere, abbozzo qui di seguito un breve itinerario, in maniera strumentale e selettiva, nella recente storia della storiografia[28], per estrarre da questa alcune idee chiave o spunti per le mie riflessioni. Da ogni autore prendo ciò che mi serve e lo interpreto a mio uso. Agli elementi estrapolati dal campo della storiografia si aggiungono alcune idee che traggo da altri ambiti (le neuroscenze, la pedagogia, e altro ancora). L'insieme di questi materiali, intrecciati in una provvisoria mappa di relazioni, una sorta di personale mappa di navigazione, individua il posto in cui oggi sono, il **punto di osservazione** da dove posso formulare **domande efficaci** circa il tempo e la memoria.

Partiamo da un punto di svolta: Friedrich Nietzsche titola *Sull'utilità e il danno della storia per la vita* la seconda delle sue *Considerazioni inattuali*, pubblicata nel 1874. «Certo noi abbiamo bisogno di storia», «ossia ne abbiamo bisogno per la vita e per l'azione», e aggiunge, sempre nella prefazione:

«*inattuale è inoltre questa considerazione, perché cerco di intendere qui come danno, colpa e difetto dell'epoca qualcosa di cui l'epoca va a buon diritto fiera, la sua formazione storica; perché credo addirittura che noi tutti soffriamo di una febbre storica divorante e che dovremmo almeno riconoscere che ne soffriamo*»[29]

---

[28] Anche se il rapporto con il tempo e il bisogno di padroneggiarlo, così come il rapporto con la memoria hanno accompagnato la storia della nostra specie, solo a cavallo tra XVII e XIX secolo in Occidente la storia si trasforma da genere letterario in materia d'insegnamento, acquistando così una propria specificità disciplinare a cui attribuiamo il nome di storiografia.

[29] F. Nietzsche, *Considerazioni inattuali* , Einaudi, Torino 1981 (Lipsia-

Inoltre scrive:

«*solo in quanto sono allievo di epoche passate, specie della greca, giungo a esperienze così inattuali su di me come figlio dell'epoca odierna*»[30]

e ancora:

«*non saprei infatti che senso avrebbe mai la filologia classica nel nostro tempo, se non quello di agire in esso in modo inattuale – ossia contro il tempo, e in tal modo sul tempo e, speriamolo, a favore di un tempo venturo*» [31]

L'Ottocento è il secolo dello Storicismo, e Nietzsche prende le distanze da questo, comprendendo che è espressione di un paradigma del tempo lineare e progressivo che ingabbia la potenzialità della storia, e la storia così si allontana dalle potenzialità della vita, imbalsamandola. Nietzsche parla di **esperienza inattuale** nell'epoca odierna, ovvero di una sensibilità che, venendo da un'altra epoca, il mondo greco antico, diventa strumento per **scardinare il presente** che così può aprirsi per cogliere i propri potenziali.

Dunque, il legame tra la storia e la vita sta nella capacità del passato di **ristrutturare il presente** per aprire a scenari futuri non meccanicamente predeterminati. Ma questo stesso movimento può volgersi anche al contrario, ed è il presente a **ristrutturare il passato**, e non come automatica riscrittura da parte dei vincitori di turno, ma come atto volitivo di liberazione del presente dalla catena lineare che imprigiona le potenzialità del "qui ed ora". A questo scopo serve un grimaldello, che può essere una "esperienza inattuale", spaesata e spaesante, che funzioni da *choc*.

Per lo Storicismo ottocentesco, contro cui si scaglia Nietzsche, la storia è la storia politica, la storia "monumentale", quella fatta dai

---

Chemnitz 1873-1876), p.82.

[30] F. Nietzsche, *Considerazioni inattuali*, cit., p.82.

[31] F. Nietzsche, *Considerazioni inattuali*, cit., p.82.

"grandi uomini", dall'azione di pochi che decidono e conducono il mondo. E' la storia dei vincitori, quella che ogni volta viene riscritta dai vincitori di turno che rileggono l'intero passato come una **lunga catena causale** che determina e legittima il presente. Questo fa della storia un succedersi deterministico di eventi, che si realizzano per l'azione di un destino che deve compiersi, una catena lineare che si svolge verso una conclusione che sarà anche il suo compimento.

Se Nietzsche vuole liberare la storia dalla catena causale e rivendica il contatto tra la storia e la vita, Aby Warburg, a cavallo tra Ottocento e Novecento, lavora a una storia dell'arte che metta il proprio materiale a disposizione per comprendere la **"psicologia storica dell'espressione umana"** di un'epoca, e riprende da Jacob Burckhard l'idea della cultura come una entità unitaria. Warburg interpreta la cultura quasi in senso antropologico e psicologico, con il duplice obiettivo di comprendere la genesi e il significato delle opere d'arte attraverso qualsiasi tipo di testimonianza storica, e di considerare la stessa opera d'arte una fonte per la storiografia. Dunque una storia *tout court* a cui ogni ambito della produzione umana, e quindi anche l'arte, contribuisce attraverso il proprio linguaggio, ma il cui senso è da cercarsi nell'intreccio dei molti ambiti della vita della società, ovvero in quella che possiamo chiamare la sua civiltà.
Oltre a riunificare la storia, va sottolineata la centralità attribuita al **sentire di un'epoca**, alla sua psicologia che si annida nelle sue più varie manifestazioni dirette e indirette. Con l'idea di *"pathosformelen"*, che si rifà al "pathos dionisiaco" di Nietzsche, Warburg guarda le raffigurazioni rinascimentali dei miti recuperati dall'antichità come «testimonianze di stati d'animo divenuti immagini» in cui «le generazioni posteriori (…) cercavano le tracce permanenti delle commozioni più profonde dell'esistenza umana»[32].
Dunque, la storia diventa una sola, come una è la vita, che pure si mostra attraverso le sue molteplici manifestazioni. E questa storia

---

[32] G. Bing, *Aby M. Warburg*, in "Rivista storica italiana" LXXII (1960), p.109. Ginzburg nel suo *Miti emblemi spie*, cit., inserisce un capitolo dal titolo *Da A. Warburg a E.H.Gombrich. Note su un problema di metodo.*

unitaria non è la storia politica ma la **storia della cultura/civiltà**, e le specifiche discipline storiche (dell'arte, della società, dell'economia, *etc.*) sono solo gli ambiti privilegiati attraverso cui far parlare i materiali della storia. Inoltre, pur usando la prospettiva privilegiata di una categoria di fenomeni, l'arte, la visuale dello storico si allarga a contenere una compagine di fatti e di tracce che mette in relazione i molti aspetti e le molte manifestazioni della vita.

A questa apertura ne corrisponde un'altra, una nuova attenzione alle **diverse durate del tempo**, poiché la storia della cultura/civiltà, come psicologia/mentalità di un'epoca, ha tempi di manifestazione e permanenza molto più lunghi rispetto al tempo degli eventi della storia politica, della storia "evenemenziale". Nel 1929 Lucien Febvre e Marc Bloch fondano la rivista "*Annales d'histoire économique et sociale*" che sposta l'attenzione sulla **lunga durata**, sulla storia della **mentalità** e sulla **"psychologie historique"**, a sottolineare il peso storico delle passioni, delle emozioni e dei moti irrazionali, ovvero di un piano profondo, spontaneo, inconsapevole. La storia non è più il prodotto di singoli uomini, di azioni consapevoli e programmate, ma l'esito di **movimenti sotterranei e inconsapevoli di masse umane**. Anche a questo progetto è funzionale, anzi necessaria, un'impostazione multidisciplinare.

Dunque, la storiografia scopre le diverse durate e amplia la scala di azione degli attori umani dai singoli alle moltitudini. Nel lavoro dello storico viene così in evidenza la questione di un tempo molteplice e la questione di un uomo che ha diverse scale a seconda se lo consideriamo come individuo, come società, come umanità. Un altro interessante elemento che emerge è la scoperta nella storiografia del ruolo delle emozioni, portate da fenomeno appartenente alla dimensione intima e individuale a fenomeno appartenente anche alla dimensione collettiva.

Nel solco della storia innovativa promossa dalle "*Annales*", anche per Fernand Braudel la "storia nuova" deve essere "grande" "collettiva" "profonda" , ovvero una storia che punta al generale estrapolando i particolari, capace di cogliere tutto ciò che è vita, una storia degli uomini come realtà collettiva, una storia che legga l'**evoluzione lenta delle "strutture"** (degli Stati, delle economie, delle società, delle civiltà). Per Braudel «dobbiamo operare fra l'accessorio e il sostanziale, fra la storia evenemenziale, troppo spesso senza futuro, e la storia profonda cui appartiene l'avvenire».[33] Per operare tra i due livelli, quello superficiale della storia evenemenziale e quello profondo della struttura, serve dettagliare le varie categorie di fatti sociali con cui sezionare strumentalmente la storia a partire dal basso: i fatti geografici (la geostoria), i fatti culturali (le civiltà), i fatti etnici (le razze), i fatti di struttura sociale, i fatti economici, i fatti politici.

Dunque, questo storico ci offre un dettaglio su uno strumento di lavoro, gli strati del **"fiume" della storia**. E ad ogni strato corrisponde un tipo di durata, dal tempo più veloce in superficie, a quello più lento in profondità. Inoltre, questa **"storia nuova"** è **operativa**, nel senso che ci fornisce quadri delle grandi dinamiche di una civiltà, come scie luminose nel tempo, linee di forza che agiscono nella storia. La comprensione di questi movimenti di lunga e lunghissima durata ci rende più consapevoli nelle scelte per il presente e gli indirizzi per il futuro. Si tratta del carattere di una civiltà, potremmo azzardare e dire: la sua "natura", la sua essenza.

Potremmo dire che il movimento caotico della superficie rispecchia la molteplicità, le infinite sollecitazioni che ci spostano continuamente in mille direzioni diverse, mentre in profondità c'è un movimento lento direzionato e chiaro che resiste e agisce con una forza sommersa che a tratti si manifesta. La storia ci può far vedere questa forza a cui è possibile aggregarsi per orientare il futuro. E' interessante nella storiografia l'emergere di questa idea di **strati**, l'idea di **superficie/profondità**, potremmo dire di **esterno/interno**.

Ancora sugli strati, ma questa volta come tre livelli a cui si legano forma e significato: sulla linea di sviluppo dell'insegnamento di Warburg e tra gli storici che hanno ruotato intorno al *Warburg Institute*, Erwin Panofsky con la sua "iconologia" spinge l'indagine sul nesso tra forma e contenuto, distinguendo diversi strati di questo legame. Lo **strato "preiconografico"** o fenomenico rimanda alle semplici esperienze sensibili, lo **strato "iconografico"** o del significato rimanda a

---

33 F. Braudel, *Storia misura del mondo*, cit., p.37.

significati codificati in testi letterari o altri contesti linguistici, lo **strato "iconologico"** come "regione del senso dell'essenza" presuppone i primi due e in qualche modo ne è il "contenuto ultimo e essenziale", l'involontaria e inconscia «autorivelazione di un atteggiamento di fondo verso il mondo» che appartiene all'autore, alla società in cui vive, alla sua civiltà.[34] Possiamo dedurre, dunque, che per decifrare il senso di un oggetto storico occorra intrecciare più livelli di significazione: la comprensione della forma che attiene al **codice linguistico** come convenzione comunicativa di base (ad esempio la conoscenza della lingua italiana da parte dei protagonisti di questa comunicazione, o del linguaggio classico dell'architettura occidentale fino alle soglie dell'età contemporanea), la comprensione del significato contestuale relativo a un determinato **ambiente storico e sociale**, e il significato implicito contenuto nel modello interpretativo della realtà comune a un'epoca e a una civiltà, ovvero l'**episteme**.

Per comprendere un fenomeno storico serve intrecciare questi tre aspetti della comunicazione, tre scale di condivisione dei codici di significazione. Emerge la centralità della **comunicazione** e la necessità di comprendere in ogni fenomeno storico i contesti comunicativi e i diversi movimenti della comunicazione: il codice linguistico come livello quasi esclusivamente esteriore, apparentemente oggettivo e permanente, poco soggetto a interpretazione soggettiva; l'episteme che sembra essere il contesto comunicativo interiore, del tutto implicito e per lo più non cosciente nella società; l'ambiente storico e sociale che potrebbe essere il luogo di scambio tra gli altri due livelli.

Torniamo per un attimo a Nietzsche che, guardando al panorama del

---

[34] E. Panofsky, *La prospettiva come forma simbolica*, cit., capitolo *Sul problema della descrizione e dell'interpretazione del contenuto di opere d'arte figurativa*. Un altro momento di sintesi sull'argomento si trova in E. Panofsky, *Il significato nelle arti visive*, cit., nel capitolo *Iconografia e iconologia. Introduzione allo studio dell'arte del Rinascimento*. In entrambi i testi l'autore riporta una griglia in cui schematizza i concetti illustrati. Sull'argomento anche C. Ginzburg, *Miti emblemi spie*, cit., nel capitolo *Da A. Warburg a E.H.Gombrich. Note su un problema di metodo*.

suo tempo, il tempo dello Storicismo, si rivolta contro di esso con "considerazioni inattuali". Dice che storicizzando la vita la si sta imbalsamando, dice che la "storia monumentale" è quella degli eruditi, e che non serve alla vita. Questa "storia monumentale" pretende di individuare nelle vicende degli uomini un senso e una finalità che le sottendono, uno svolgersi della vicenda umana lungo una linea unitaria e conseguenziale che i fatti, solo a posteriori, riescono a portare alla luce e a dimostrare.

A questa **"storia utopica"** fa da contraltare la **"storia eterotopica"** di Michel Foucault. Questo passaggio è segnato proprio dalla definizione di genealogia.

E' Nietzsche che prende questo termine e lo connota. *Genealogia della morale* è il titolo di un suo scritto polemico del 1887 in cui espone i suoi «pensieri sull'origine dei nostri pregiudizi morali», e in cui esprime una "nuova esigenza":

«*abbiamo bisogno di una critica dei valori morali, di cominciare a porre una buona volta in questione il valore stesso di questi valori – e a tale scopo è necessaria una conoscenza delle condizioni e delle circostanze in cui sono attecchiti.*»[35]

L'operazione che fa è voler storicizzare i valori morali, ovvero qualcosa che sembra assoluto e pertanto fuori dal tempo, e voler costruire la loro genealogia storica andando a cercare dove inizia quella formazione, facendo anche la storia di questa indagine nella propria vita. Se quei valori nascono in un momento e in un luogo, allora non sono assoluti, innati, ma hanno una vita storica, e ciò li rende pregiudizi, ovvero li relativizza. Anche i valori sono acquisizioni culturali, ma se non sono percepiti in quanto tali, diventano condizionamenti.

Foucault dedica, nel 1971, un suo scritto proprio a *Nietzsche, la genealogia, la storia* in cui dice:

«*La genealogia non si oppone alla storia come la vista altera e profonda del filosofo allo sguardo di talpa del dotto; s'oppone al contrario al dispiegamento metastorico dei*

---

[35] F. Nietzsche, *Genealogia della morale. Uno scritto polemico*, Adelphi, Milano 2007 (Leipzig 1887), prefazione 6, p.8.

significati ideali e delle indefinite teleologie. S'oppone alla ricerca dell'"origine"».[36]

Dunque, genealogia non è la ricerca dell'"origine". Continua Foucault:

«Perché Nietzsche genealogista rifiuta, almeno in certe occasioni, la ricerca dell'origine (Ursprung)? Innanzitutto perché in essa ci si sforza di raccogliere l'essenza esatta della cosa, la sua possibilità più pura, la sua identità accuratamente ripiegata su se stessa, la sua forma immobile ed anteriore a tutto ciò che è esterno, accidentale e successivo. Ricercare una tale origine, è tentare di ritrovare "quel che era già" (…); è cominciare a togliere tutte le maschere, per svelare infine un'identità originaria. Ora, se il genealogista prende cura d'ascoltare la storia piuttosto che prestar fede alla metafisica, cosa apprende? Che dietro le cose c'è "tutt'altra cosa": non il loro segreto essenziale e senza data, ma il segreto che sono senza essenza.»[37]

Allora, non è alla ricerca dell'**"origine"** che ci rivolgiamo, ma alla ricerca degli **"inizi"**, poiché l'origine porta con se l'idea di causa originaria, di causalità, mentre l'inizio è l'emergere di un fenomeno, il suo manifestarsi.

Mentre l'origine riorganizza i fenomeni in una costruzione di senso che li precede, un inizio è la prima manifestazione di un fenomeno. Un inizio può essere colto come un **dato**, mentre l'origine si carica di significato, è un'**interpretazione**, sottende una visione utopica, ovvero una visione che è fuori dal territorio dell'indagine, che lo trascende.

La storia "utopica" costruisce **continuità ideali** di tipo teleologico o attraverso una connessione naturale. In questa continuità ideale l'**evento** singolare viene dissolto. L'eterotopia vede la storia come un **campo di forze**, e «le forze che sono in gioco nella storia non obbediscono né ad una destinazione, né ad una meccanica, ma piuttosto al caso della lotta»[38]. Nel mondo della "storia effettiva" non c'è né provvidenza né causa finale, ma solo le «ferree mani della

---

[36] M. Foucault, *Il discorso, la storia, la verità. Interventi 1969-1984* (a cura di M. Bertani), Einaudi, Torino 2001 (1972), pp. 43-44.

[37] M. Foucault, *Il discorso, la storia, la verità*, cit., p. 45.

[38] M. Foucault, *Il discorso, la storia, la verità*, cit., p.55.

necessità, che agitano il bussolotto dei casi»[39].

«Noi crediamo che il nostro presente poggi su intenzioni profonde, necessità stabili, e domandiamo agli storici di convincercene. Ma il vero senso storico riconosce che viviamo senza punti di riferimento né coordinate originarie, in miriadi d'eventi perduti.»[40]

Dunque, se guardiamo la storia a posteriori vi leggiamo una linearità, ma se ci collochiamo lungo il suo percorso scopriamo che si tratta di un percorso tortuoso, fatto di salti, interruzioni, sincopi, ritorni, ovvero un andamento che sembrerebbe prodotto dalla casualità.
La storia eterotopica sostituisce alla ricerca della continuità quella delle discontinuità. In questo modo opera una riduzione, ovvero, vedendo nella storia lo specchio del nostro procedere a tentoni, spinti da molti flussi caotici, la storia non ha un fine e il procedere non ha una direzione. Ma grazie a questa riduzione apre alla possibilità di liberarci dal vincolo del "è già tutto scritto". La riduzione è scoprire che ci porta il caso e non una direzione metafisicamente stabilita. Ma, su questa scoperta si può radicare l'idea di una possibilità, ovvero che possiamo vedere ogni evento come ricco di **infinite possibilità**. A differenza dell'origine gli inizi contengono un potenziale: ogni inizio contiene molte più possibilità di quella sola che si produrrà, e così il nostro futuro si apre a molte opzioni e viene liberato da quel binario che sarebbe già stato scritto dal nostro passato.

Dunque, veniamo al progetto di storia proposto dalla genealogia di Nietzsche, la **genealogia storica**, e cerchiamo di comprendere quale sia il suo compito, quale sia la relazione con la storia. La genealogia è caratterizzata dal "senso storico", ovvero sfugge alla metafisica, si occupa del divenire e riporta al divenire tutto ciò che si crede immortale o generale nell'uomo (persino la fisiologia del suo corpo), non si fonda su alcuna costante, non fa "ritrovamenti", testimonia la casualità

---

[39] F. Nietzsche, *Aurora. Pensieri sui pregiudizi morali*, Newton Compton, Roma 1981 (Chemnitz 1881), 130, pp.117-118.
[40] M. Foucault, *Il discorso, la storia, la verità*, cit., p.56.

della lotta e si mostra come una miriade di eventi aggrovigliati, è un **sapere prospettico**, ovvero denuncia ogni volta il proprio punto di vista, rivolge lo sguardo su se stessa impegnata nell'atto del conoscere. Riportando ancora Foucault che assume il punto di vista di Nietzsche:

«*Ma se interpretare è impadronirsi, attraverso violenza o surrezione, di un sistema di regole che non ha un significato essenziale in sé, ed imporgli una direzione, piegarlo ad una volontà nuova, farlo entrare in un altro gioco e sottometterlo ad altre regole, allora il divenire dell'umanità è una serie d'interpretazioni. E la genealogia deve esserne la storia: storia delle morali, degl'ideali, dei concetti metafisici, storia del concetto di libertà e della vita ascetica, come emergenze d'interpretazioni diverse.*»[41]

Dunque, la genealogia di Nietzsche, nell'interpretazione di Foucault, deve essere la storia delle serie interpretative. Su questo obiettivo mi sembra fondata anche l'idea che Foucault sviluppa nel progetto di una **"archeologia del sapere"**.[42] Per Foucault questa archeologia profila la storia delle scienze partendo da una descrizione delle pratiche discorsive che precedono la formalizzazione di quei saperi in scienze, ma che possono anche non giungere a quella soglia. Un sapere è ciò di cui si può parlare in una pratica discorsiva:

«*Questo insieme di elementi, regolarmente formati da una pratica discorsiva e indispensabili alla costituzione di una scienza, benché non necessariamente destinati a darle vita, si può chiamare sapere.*»[43]

Genealogia storica e archeologia del sapere si occupano di storicizzare il modo di interpretare le cose, vogliono scavare dentro le formazioni discorsive per mostrare il divenire delle pratiche di significazione, all'interno delle quali avviene la comunicazione.
Ancora un progetto di storia lungo questa traccia di pensiero: il **"progetto storico"** di Manfredo Tafuri. Egli traccia il progetto

---

[41] M. Foucault, *Il discorso, la storia, la verità*, cit., p.53.

[42] M. Foucault, *L'archeologia del sapere. Una metodologia per la storia della cultura*, Rizzoli, Milano 1994 (Paris 1969).

[43] M. Foucault, *L'archeologia del sapere*, cit., p.238.

storico come "progetto di una crisi", caratterizzato da interminabilità, provvisorietà, provvisoria inattualità, ma anche come lavoro, costruzione, intreccio di più metodi analitici. Tafuri definisce il suo progetto storico come luogo della **dialettica tra lavoro concreto e lavoro astratto**, ovvero tra gli sviluppi dei modi e dei rapporti di produzione e il lavoro intellettuale:

«*l'intreccio di lavoro intellettuale e di condizioni produttive offrirà, in tal caso, un valido parametro per ricomporre il mosaico dei pezzi risultanti dallo smontaggio analitico precedentemente compiuto.*»[44]

Nello specifico:

«*la storia dell'architettura apparirà sempre come frutto di una irrisolta dialettica. L'intreccio fra anticipazioni intellettuali, modi di produzione e modi di consumo deve far "scoppiare" la sintesi contenuta nell'opera. Là dove questa si dà come un tutto finito, come completezza, è necessario introdurre una disgregazione, una frantumazione, una "disseminazione" delle sue unità costitutive. Di tali componenti disgregate sarà necessario procedere a un'analisi separata. Rapporti di committenza, orizzonti simbolici, ipotesi di avanguardia, strutture del linguaggio, metodi di ristrutturazione della produzione, invenzioni tecnologiche si presenteranno così denudate dall'ambiguità connaturata alla sintesi "mostrata" dall'opera.*»[45]

Nell'attenzione all'intreccio di lavoro concreto e lavoro astratto come strategia di lavoro per lo storico colgo la sottolineatura del continuo rimando tra il piano del fare e quello dell'ideare.

Lo sguardo disincantato che vede la nostra frammentarietà e la discontinuità che la realtà ci rimanda sembra sgombrare il campo dalle illusioni di unità, **quell'unità del soggetto** che ci attribuiamo e di cui la storia monumentale cercava di cogliere la sintesi; ma allo stesso tempo quello sguardo che ci vede molteplici e immersi nella **dispersione degli eventi**, libera il tempo, il presente, il futuro, il

---

[44] M. Tafuri, *La sfera e il labirinto*, cit., p.21.
[45] M. Tafuri, *La sfera e il labirinto*, cit., p.20.

passato.

Contemporaneamente la spinta a definire spazi più ampi per la storia, mettendo in primo piano la cultura, la mentalità, la civiltà, e confinando ai margini la storia evenemenziale, torna per un'altra via a riscoprire l'evento sotto una nuova luce, nella sua dirompenza fenomenica, ma anche come terreno privilegiato per analizzare i moti profondi della storia in forma di **"microstoria"**, come ne *La domenica di Bouvines* di Georges Duby[46] in cui l'attenzione focalizzata su una singola battaglia campale vuole ricostruire un mondo. Nella storiografia si fa spazio l'idea della relazione tra la scala privata degli individui e quella pubblica e collettiva, e su come addirittura si possa leggere la seconda in filigrana nelle ripercussioni sulle vicende dei singoli. Questa linea di sviluppo porta alla definizione della "microstoria" come scala di osservazione dei fenomeni storici, che risponde a una sfida lanciata dai grandi romanzieri dell'Ottocento, come Manzoni, Balzac, Tolstoj.[47] Questa nuova prospettiva a cui accede la storiografia ne sottolinea la dimensione **narrativa**, evidenzia il rilievo assunto dal **contesto** per allargare gli orizzonti della singola vicenda e per portarla a illuminare uno scenario più ampio, mette in evidenza la necessità di considerare le scale dei fenomeni indagati e sottolinea il fatto che non si possano meccanicamente trasferire i risultati da un contesto micro ad uno macro e viceversa, ma che occorra operare con strumenti opportuni di traslazione.

Per alcuni aspetti, queste ultime sembrano questioni sensibili per il nostro mondo caratterizzato dalla rete telematica, dove il singolo attraverso il web può entrare in relazione diretta con il mondo in tempo reale, dove i rapporti tra **locale** e **globale**, tra privato e collettivo, tra identità e universalità assumono nuove sfumature e implicazioni. Oggi la nostra storia si gioca sulla capacità di mettere in relazione costruttiva le dimensioni micro e macro, le identità con la scala globale, i singoli

---

[46] G. Duby, *La domenica di Bouvines. 27 luglio 1214*, Einaudi, Torino 2010 (Paris 1973).

[47] Ginzburg affronta il tema nel suo, *Il filo e le tracce*, cit., con un capitolo titolato *Microstoria: due o tre cose che so di lei*.

con l'insieme. Al centro c'è la **relazione**, che è possibile solo con il riconoscimento e la valorizzazione delle differenze. Tutto questo può influire sulla storiografia? Occorre una sorta di "storiografia al tempo di internet" che sappia cogliere le potenzialità di questo tempo?

Braudel definisce la **"prosperità"** come l'**espansione dello spazio utile**. La ricerca della prosperità è sia spinta alla conoscenza e all'invenzione per migliorare le condizioni di vita, ma è anche competizione e conflitto per la supremazia, due tensioni che muovono la storia delle civiltà. Oggi tutto il globo è stato conosciuto, lo spazio è percepito come finito, il mondo sembra non essere più elastico e deformabile, e questo porta per un verso ad esasperare la tensione tra le parti separate. Ma, allo stesso tempo, appare l'**unità del mondo**, più evidente dei tanti confini che lo attraversano. Questa è l'apparente contraddizione della nostra epoca.

E Braudel scrive:

«*io penso non sia possibile continuare ad arginare e a comprimere il mondo. Penso invece che il mondo, mentre si contrae, tenda ad aprire tutte le sue porte in tutte le direzioni. E forse è venuto il momento che ciò accada.*»[48]

Dunque, attualmente siamo ancora immersi in un mutamento epistemologico della storiografia che ha a che fare, come dice Foucault, con «d'eclissi di quella forma di storia che era segretamente, ma completamente, riferita all'attività sintetica del soggetto»[49]. Si passa, allora, dal tentativo di descrivere una storia globale, a uno meno ambizioso di scrivere la storia generale, nel senso che:

«*una descrizione globale racchiude tutti i fenomeni attorno ad un unico centro, principio, significato, spirito, visione del mondo, forma d'assieme; una storia generale dovrebbe invece mostrare tutto lo spazio di una dispersione.*»[50]

Per Foucault la storia globale contiene il rischio di essere appiattita

---

[48] F. Braudel, *Storia misura del mondo*, cit., p.111.

[49] M. Foucault, *L'archeologia del sapere*, cit., p.20.

[50] M. Foucault, *L'archeologia del sapere*, cit., p.15.

su una visione dominante, e quella generale è adatta all'idea di storia eterotopica.

Ma oggi, oltre la visione egocentrica e al di là della dispersione, sta emergendo una storiografia della globalizzazione, con le esperienze della *World History*, interessata a vedere le relazioni profonde tra le storie delle diverse parti del pianeta e le connessioni all'interno della comunità umana globale[51], e con la pratica della *Connected History* che, oltre ad evidenziare la scala delle connessioni globali, è un approccio di scrittura comune della storia e di costruzione di percorsi di conoscenza, sia nella ricerca che nella didattica della storia, che vuole superare i confini tra stati e aree geopolitiche.[52]

Se da un lato si fa strada nella visione dello storico l'idea di lunga durata, dall'altro lato l'accelerazione che sembra caratterizzare il nostro tempo attuale e a cui si lega la compressione dello spazio terrestre evidenzia la necessità e l'opportunità della relazione.

Se la storiografia ha iniziato a sondare i territori della **dispersione**, della **molteplicità**, del dominio del caso, ammettendo come illusoria la visione dell'uomo come soggetto unitario, d'altro canto una novità per questa disciplina è proprio la **scala globale** delle relazioni da indagare. Sembrano questi essere due punti provvisori da cui orientare

---

[51] Per il percorso storiografico che va dalle storie universali alla *World History*, la rete delle scuole storiografiche e i percorsi di ricerca dei suoi principali esponenti, si vedano: P. Manning, *Navigating world history: historians create a global past*, Palgrave, New York 2003; G. Gozzini, *Dalla Weltgeschichte alla world history: percorsi storiografici attorno al concetto di globale*, in http://www.storiairreer.it/Materiali/Gozzini_2003.htm; L. Di Fiore, M. Meriggi, *World History. Le nuove rotte della storia*, Laterza, Milano-Bari 2011.

[52] *Connected History* è una tendenza storiografica che a volte viene associata alla "macrostoria", la cui produzione è abbondante soprattutto in area culturale inglese e, in misura minore, in quella francese. Viene considerato promotore di questa nuova tendenza Sanjay Subrahmanyam, specialista di storia indiana dal XVI al XVIII secolo, attualmente incaricato dal Collège de France di tenere la nuova cattedra di "Storia globale della prima modernità".

la navigazione.

Il breve itinerario attraverso lo sviluppo delle scienze storiche a partire dal XIX secolo fino ad oggi mi ha permesso di selezionare alcune idee guida con cui costruire un abbozzo di ragionamento. Poiché a fare da timone in questa navigazione sono le domande cruciali di cui in apertura, l'esercizio consiste nel rimandare continuamente tra l'esperienza individuale, e in quanto esperienza non può che essere quella in prima persona, cioè la mia, e le domande sulla storia, ovvero sulla vita delle società, delle civiltà, e dell'umanità. Con questa attitudine provo a tracciare un binario.

Utilizzando Nietzsche, l'inattualità di un'esperienza, ovvero un'esperienza che funzioni da *choc*, può aprire il tempo rendendo possibile la **ristrutturazione del passato e del presente**, liberando il futuro. Questa idea di un'esperienza inattuale, spaesante, destabilizzante, che rompa e irrompa per mostrarci le cose come nuove, è il primo passaggio cruciale per mettersi in movimento, con l'obiettivo di potersi usare e di poter usare il tempo di cui disponiamo. Poterci usare al meglio è un obiettivo desiderabile, per il cui conseguimento occorre che ci conosciamo, occorre conoscere come funzioniamo. Con la storia come storia della cultura che, per Warburg, è espressione della psicologia di una società, possiamo accogliere l'idea che le molte manifestazioni e i molti ambiti della vita di un individuo, così come quelli di una società, siano le sfaccettature di una stessa esistenza, di una **storia unitaria**, e pertanto l'oggetto di osservazione è uno solo, da osservare attraverso le sue molteplici manifestazioni che inevitabilmente saranno in relazione tra loro e in reciprocità. E passa anche un'intuizione, che il motore di quella storia sia il **piano emotivo**. Che ruolo svolge l'emozione nel funzionamento dell'uomo e in quello della società?

Fin qui abbiamo incontrato una strategia per penetrare l'oggetto (la storia) e per eludere gli schermi che ci rimandano un'immagine preconfezionata di quello, e abbiamo accolto un'idea basilare che fa da premessa, l'idea che l'oggetto è unico ma ha molte facce, per cui occorrono strategie opportune per osservarlo. Ora entriamo nel merito di alcune cose che possiamo iniziare a intuire di questo oggetto, di come è fatto, andando anche per esclusione.

Se la vita nel suo svolgimento è un tutt'uno, invece la percezione del tempo, che insieme allo spazio è una categoria di riferimento per ogni nostra relazione con la realtà, ci restituisce molte temporalità, le **diverse durate** degli storici delle *"Annales"*. Così tra tempo cronologico e tempo percepito si apre uno spazio disponibile ad essere indagato. Dunque esistono un tempo oggettivo ed uno soggettivo. Alcune domande: il tempo percepito, soggettivo, che ci appare differente da quello scandito regolarmente e linearmente dall'orologio, è manifestazione dell'esistenza e del comportamento di un tempo interiore? Il tempo interiore ha a che fare con i tempi interni del nostro funzionamento, del funzionamento del corpo?

Pensandoci alla prima persona abbiamo per lo più idea di avere un mondo interno ed un mondo interiore. Cosa vorrà dire "mondo interiore" per la storia? Braudel rappresenta in forma di strato profondo quel movimento interno, sotterraneo ma potente, che definisce il carattere di una civiltà, e che, alla lunga, ne condiziona l'incedere.

Il nostro **mondo interiore** e quello **esteriore** sono come due vasi comunicanti, e per comprendere cosa accade abbiamo bisogno di interrogarci su come avvenga la **comunicazione** tra questi. Per Panofsky il significato di un'opera si esplica attraverso tre livelli della comunicazione, ed è una comunicazione che avviene tra interno ed esterno, proprio come quella che avviene in un individuo. La questione, poi, è quanto siamo consapevoli di questo continuo flusso, e quanto lo monitoriamo, o se persino siamo in grado di orientarlo. Avere contezza, nella storia, del movimento profondo della nostra civiltà ci aiuterebbe a usare quel flusso per orientare il presente, insomma a usare la storia per la vita.

Un altro aspetto da tenere in evidenza è la questione della **scala dimensionale dei fenomeni**. Dalle *"Annales"* cogliamo anche l'attenzione alle diverse **scale di aggregazione umana**, dall'individuo alla società alla specie. Alcune domande: tra individuo, società e specie, la questione della scala numerica di aggregazione pesa in relazione ai comportamenti e alle possibilità degli esseri umani? Ovvero, individuo, società e specie hanno come insiemi distinti le stesse possibilità di coscienza di sé e di autodeterminazione? E ancora, c'è una relazione tra **dimensione spaziale e durata temporale** di un fenomeno? Capire quale sia la scala sensibile per guardare un fenomeno, o quale scala sia efficace per avere risposte significative in relazione alla domanda posta è una questione cruciale nella vita così come nel lavoro dello storico. Tra micro e macro devo selezionare gli oggetti da osservare, le domande da porre, il modo con cui indagare e restituire in una costruzione di senso. La scrittura della storia predilige volta per volta una particolare scala di fenomeni, o di osservazione, e in qualche caso, come per la "microstoria", ne dichiara in maniera esplicita la scelta. Questo ordine di questioni incrocia la dimensione dello spazio con quella del tempo, in un modo che è per lo più inversamente proporzionale. Ad esempio oggi percepiamo la terra come se fosse diventata più piccola, perché è interamente conosciuta e attraversabile in minor tempo, e il tempo della vita come se si fosse ampliato, perché posso percorrere più spazio per unità di tempo. Questo però non incide sulla qualità delle esperienze, ma ne costituisce il contesto, un dato non deterministicamente condizionante ma comunque agente.

Dopo aver unificato, unità della storia, unità della vita, nel tentativo di far convergere le molte manifestazioni dell'esistenza in una sola realtà, dobbiamo fare i conti con l'esperienza della frammentazione che pure ci appartiene. Continuamente facciamo esperienze di due tipi: l'**unità** e la **molteplicità**, la continuità e la discontinuità, la convergenza e la frammentazione. Questa dicotomia appartiene al **carattere duale** con cui percepiamo per lo più l'esperienza del mondo. Nella lettura del mondo, e quindi anche per scrivere la storia, abbiamo oscillato optando ora per una posizione, ora per l'altra. Lo Storicismo, l'Idealismo, il Positivismo, in forme anche molto diverse tra loro, hanno creduto in una sotterranea, o superiore, o strutturale unità, teleologica o naturale. A chi, come Nietzsche e Foucault, avvertiva la discrepanza tra quella visione e ciò che sentiva nella carne, quella unità monolitica incombeva come un'oppressione. A questi la realtà è sembrata, al contrario, dominata dal caos, dalla discontinuità, da movimenti del tempo alternativi al moto lineare. Due diverse sottolineature dell'esperienza della vita da cui derivano due tipi di visione e due tipi differenti di progetti per la storia. Torneremo su questa contrapposizione, cercando altri elementi per superarne il dualismo e provare a sondare se esistano vie diagonali di fuga.

Inoltre, oggi la globalizzazione ci obbliga ad ampliare l'idea di relazione e di interconnessione tra le parti e a vedere l'umanità come la dimensione, l'unità di misura a cui riferire il senso dei fenomeni sociali, culturali, storici ed esistenziali.

2.2 *Dal punto di vista dell'esperienza e con una finestra sul cervello*

Ad apertura del corso di Storia dell'Architettura chiedo ai miei studenti se il tempo possa essere considerato oggettivo, chiedo loro come lo percepiscano, e se questa percezione possa essere misurata. La misurazione del tempo oggettivo fatta con l'orologio, il tempo scandito sulla misura del movimento terrestre, il tempo cosmologico, sono adeguati per misurare la percezione del tempo?

Tra **tempo oggettivo** e **tempo soggettivo**, la storia di cosa si occupa, di quale specie di tempo?

Per affrontare questa domanda abbiamo bisogno di cercare nell'uomo, definire alcune sue caratteristiche intrinseche.

L'uomo sembra essere per natura un **essere sociale** e un **essere storico**, e le due condizioni sono in stretta e reciproca corrispondenza tra loro. E queste caratteristiche intrinseche hanno a che fare con il modo con cui organizziamo i dati dell'esperienza.

Siamo influenzati dall'esperienza passata, dalle conoscenze acquisite e dalle convenzioni/convinzioni prodotte dalla cultura e dal linguaggio, anche se spesso non ne abbiamo consapevolezza. I fenomenologi parlano, a questo proposito, di memoria implicita.

Il mondo percettivo, che è esperito come il mio mondo, contiene sempre i mondi di quelli che incontro, come sostiene Merleau-Ponty; e Husserl parla di **"intersoggettività aperta"**.

L'essere sociale e l'essere storico sono in stretta relazione nell'uomo, e costituiscono la sua condizione implicita. La "storicità" della condizione dell'uomo deriva dal fatto che la sua esperienza sia collocata in un contesto storico e sia caratterizzata da quello, e che egli stesso porti la propria storia con se e attraverso questa interpreti e produca il mondo che abita, lungo una catena ininterrotta di generazioni. Husserl dice che ogni persona normale è storica in quanto appartiene a una **comunità storica**:

«*Sono figlio dei tempi, sono membro del noi di una comunità nel senso più ampio, una comunità che ha la sua tradizione e che, a sua volta, è connessa in maniera nuova con i soggetti che l'anno generata, gli antenati più vicini e quelli più lontani. E costoro mi hanno influenzato: sono quel che sono in quanto erede.*»[53]

A commento di questo passo di Husserl, Shaun Gallagher e Dan Zahavi scrivono:

«*Il tempo umano, in questo senso, non è né coscienza soggettiva del tempo né il tempo oggettivo del cosmo, bensì colma la distanza tra il tempo fenomenologico e quello cosmologico. Il tempo umano è il tempo delle storie della nostra vita. E' un tempo narrato, un tempo strutturato e articolato dalle mediazioni simboliche delle narrative.*»[54]

Dunque, siamo strutturalmente esseri sociali e storici, e siamo sin dalla nascita sottoposti a **influenze**, e a nostra volta influenziamo il nostro intorno. Il tempo in relazione alla storia è definito da questo carattere dell'uomo e dalla conseguente sua condizione di essere in un flusso ininterrotto di influenze. E' stimolante e rende bene l'idea la definizione del tempo umano come **"tempo narrato"**. Il tempo della storiografia, per automatica transizione, sarà esso stesso "tempo narrato", tempo della comunicazione tra persone, ma anche tra epoche distanti tra loro. E merita un approfondimento l'idea delle **"mediazioni simboliche delle narrative"**.

Ma prima proviamo a dettagliare sul funzionamento dell'acquisizione, stoccaggio e organizzazione delle impressioni che continuamente ci raggiungono e che vanno a costruire la nostra esperienza. Scrivono

---

[53] Ho riportato la frase di Husserl (estratta dal suo scritto *Sulla fenomenologia dell'intersoggettività*, parte terza, Husserliana 15), prendendola da S. Gallagher e D. Zahavi, *La mente fenomenologica*, cit., p. 135.

[54] S. Gallagher, D. Zahavi, *La mente fenomenologica*, cit., p. 135. Per questo concetto gli autori fanno riferimento a P. Ricoeur, *Il tempo raccontato*, Jaca Book, Milano 1988 (Paris 1985).

Gallagher e Zahavi:

«*Le nostre esperienze quotidiane sono di solito imbevute da una sorta di supercolla temporale: sono tenute assieme nel breve periodo da una struttura forte e pragmaticamente significativa. (…) Questo si spiega attraverso la struttura ritenzione – impressione originaria – protenzione. Ma nella nostra vita accadono cose assai più complesse che non brevi incontri ed esperienze passeggere, e la temporalità dell'esistenza umana è più articolata di quanto non lo sia l'interazione tra protenzioni e ritenzioni. La memoria, per esempio, che utilizza una colla meno potente, fornisce, talora in maniera esplicita e qualche volta in modo implicito, un quadro più ampio, sebbene qualche volta meno coerente, per mezzo del quale le nostre esperienze hanno un senso. La conoscenza di situazioni ed eventi passati viene continuamente e senza sforzo attivata quando diamo un senso a ciò che esperiamo. Possiamo però rimanere inconsapevoli delle inferenze basate su questa conoscenza e qualche volta queste ultime si intromettono nei nostri ricordi e li distorcono.*»[55]

Il **senso**, il significato che attribuiamo alle cose e al mondo è funzione di questa struttura di funzionamento interno che lega in **sequenza** le **impressioni** che ci raggiungono e che costruisce in noi l'idea/ esperienza del **tempo**, ma anche dello **spazio**. E' interessante che la memoria sia prodotta dall'azione più blanda di quella stessa struttura, e che aggiunga automaticamente materiale già stoccato e interpretato che interferisce con il nuovo dato che ci raggiunge.

Proviamo a ricapitolare per vedere come l'osservazione fenomenologica del modo in cui funzioniamo rispetto al tempo e alla memoria possa produrre nuove comprensioni circa la storiografia.

La **"memoria implicita"** è l'insieme di influenze che continuamente agiscono sulla nostra organizzazione e interpretazione dei dati, ovvero l'insieme degli schemi che continuamente interpretano e incasellano quanto ci raggiunge, l'insieme di **protocolli**, **preconcetti** e **pregiudizi** sempre disponibili per apporre etichette sulla realtà e sull'esperienza. La storiografia, ovvero la scrittura del passato, la sua interpretazione, continuamente si produce in queste condizioni e produce queste

---

[55] S. Gallagher, D. Zahavi, *La mente fenomenologica*, cit., p.133.

condizioni confermandone il meccanismo. L'episteme di una civiltà, i modelli mentali di un gruppo, il vissuto di un individuo sono l'*humus* nel quale prende forma la narrazione di un evento. Le stesse "pratiche discorsive" di Foucault sono quell'*humus*. Si potrebbe vedere l'inattualità di cui parla Nietzsche come il tentativo di scovare strategie per liberare in qualche modo l'esperienza dal peso di tutta la coltre della "memoria implicita" con cui viene immediatamente coperta. Per fare cosa? A cosa può servirci denudare il dato dell'esperienza già vissuta? Se non ci fossero quella "supercolla temporale" (ritenzione-impressione-protenzione) e quella colla temporale meno potente che viene utilizzata dalla memoria, non avremmo percezione del tempo né dello spazio, non potremmo relazionarci con gli altri né col mondo attraverso la percezione di noi come identità separata. Avremmo un altro tipo di esistenza, un altro tipo di esperienza della vita.

Faccio una digressione, che è però funzionale al ragionamento, entrando in un libro che mi ha molto colpita e che ho consigliato ai miei studenti, a parenti e amici, *La scoperta del giardino della mente*.[56] In questo libro l'autrice Jill Bolte Taylor, neuroanatomista, parla del suo ictus cerebrale e di cosa ha imparato da esso. La malattia è stata per lei un'esperienza singolare del funzionamento del suo cervello che, fuoriuscito dalla condizione di normalità/salute, ha evidenziato una parte che non esperiamo mai separatamente. Come avviene nella maggioranza dei casi il suo ictus ha interessato gli strati cognitivi superiori della corteccia cerebrale e l'emisfero sinistro, neutralizzando le funzioni di questa parte e facendo emergere con chiarezza le competenze dell'altra. Quando le competenze dell'emisfero sinistro vengono inibite, viene in evidenza ciò che fa l'altra parte:

«*Attimo dopo attimo, la mente destra crea un collage generale dell'aspetto, del suono, del sapore, dell'odore e delle sensazioni tattili di un dato momento (...). Grazie alle capacità della mente destra, siamo in grado di ricordare singoli momenti con una chiarezza e un'accuratezza sorprendenti. (...) Per la mente destra non esiste un tempo diverso dal presente e ogni singolo attimo è pregno di sensazioni*". (...)

---

[56] J. Bolte Taylor, *La scoperta del giardino della mente. Cosa ho imparato dal mio ictus cerebrale*, Mondadori, Milano 2009 (USA 2008).

Per la mente destra, adesso è un momento sterminato e senza tempo.»[57]

Tutto questo succede dentro di noi continuamente, e tuttavia ci sembra la descrizione di un'esperienza mistica o di uno stato di *trance*. Perché? Cosa avviene normalmente, quando cioè non interviene un ictus a inibire la manifestazione del lobo sinistro del nostro cervello? Bolte Taylor ci spiega che normalmente le due parti si integrano, infatti:

«E' facile capire come avere a disposizione due emisferi, ognuno dei quali elabora le informazioni alla sua maniera, accresca la capacità del cervello di percepire il mondo circostante e aumenti le nostre probabilità di sopravvivenza come specie. Essendo i nostri emisferi tanto esperti nel tessere insieme un'unica percezione continua del mondo, per noi è in pratica impossibile distinguere consapevolmente quello che succede nella parte sinistra del cervello da quello che succede nella parte destra.»[58]

Questa testimonianza parla in prima persona di ciò che i neuroscienziati ci stanno mostrando del cervello, e ci racconta le sensazioni e le percezioni che provengono da una parte del cervello quando l'altra è inibita. Si tratta di un'esperienza che ci avvicina per una via imprevista a cogliere uno squarcio da cui riproporre la domanda sull'intreccio tra le memorie e l'esperienza, domanda che a un certo punto si fa spazio tra i ragionamenti di chi si occupa di storia. Le memorie che prendono forma attraverso le competenze e l'attività del lobo sinistro, e l'esperienza densa di ogni dettaglio e ritagliata sul "qui ed ora" che si forma attraverso il modo di organizzare i dati del lobo destro, sono le due facce della nostra rappresentazione della realtà.
Su un altro livello, l'esperienza dell'ictus e della cura diventa l'occasione per una rivelazione fondamentale: porta la scienziata a scoprire, e a condividere, che lei può **utilizzarsi meglio**, ovvero che può gestire meglio le potenzialità insite nel cervello, e che tutti noi potremmo fare altrettanto se ci allenassimo per raggiungere questo risultato. Questo ha implicazioni anche per la storiografia? Possiamo

---

[57] J. Bolte Taylor, *La scoperta del giardino della mente*, cit., p.31-32
[58] J. Bolte Taylor, *La scoperta del giardino della mente*, cit., p.30-31

allenarci a contattare i dati dell'esperienza, e possiamo riconoscere gli automatismi della memoria, imparando ad usare entrambi in una prospettiva di maggiore autoconsapevolezza, e imparando a orientare il nostro futuro ristrutturando il passato?

Tornando alla domanda, e alle implicazioni che ha per la storiografia, ovvero se esista un modo per accedere al dato prima che venga interpretato, intanto possiamo dire che una parte di noi, inscindibile dal tutto ma con una propria specificità distintiva, coglie il presente e accede al dato in tutta la sua ricchezza senza interpretarlo. Anzi, questa è la sua caratteristica.

E cosa fa l'altra parte del cervello? I due emisferi del cervello si differenziano sia per il tipo di informazioni che elaborano, sia per come lo fanno. Se l'emisfero destro ricorda le relazioni tra le cose, mentre sfuma i confini tra esse, pensa intuitivamente ed è creativo, percepisce e fa esperienza del legame con il tutto e di una dimensione che ci trascende, e vive solo nel presente, l'emisfero sinistro mette in sequenza cronologica i momenti presenti, così colti dall'altro emisfero, in un ordine lineare e sistematico, fa ragionamenti deduttivi, di giudizio critico e di analisi, coglie solo i dettagli, è il nostro "chiacchiericcio cerebrale", è il luogo del nostro ego che ci definisce come individualità distinta e unica, costruisce l'idea del tempo e costruisce continuamente storie e continuamente ripercorre la nostra storia costruendo l'autobiografia.

In una sintesi estrema e per quello che ci interessa, possiamo dire che le due parti contengono l'una il senso del tempo e della storia, l'altra il senso del presente.

Sono le due parti contrapposte, i due estremi tra cui oscillano tutte le nostre ipotesi sulla realtà e quelle degli storici, che nutrano il bisogno di riconoscere unità sottese attraverso la continuità, o che lacerino quell'unità in mille immagini caleidoscopiche ma coesistenti come monadi assolute; una molteplicità di presenti o un'unica linea continua, unità e frammentazione si attraggono e si respingono alla ricerca di un luogo di sintesi.

Cerchiamo ancora qualche appoggio su cui avanzare di qualche passo su questo terreno impervio e al limite, dove cioè il pensiero deve pensare se stesso e il proprio funzionamento. Prendiamo ancora qualche informazione su cosa sia la memoria nel funzionamento del cervello.

Oggi le neuroscienze cognitive hanno scoperto che la **memoria** non è una facoltà singola, ma si compone di molti processi distinti e separabili tra loro. Così come ad ogni esperienza cognitiva partecipano contemporaneamente diverse regioni del cervello distinte sia funzionalmente che topograficamente e in simultaneità senso-motoria. Questi **processi neurali** sono stati studiati anche nei loro tempi di azione e distinti in tre **fasce di durata**: la **scala elementare** (da 10 a 100 millesecondi, tempo minimo indispensabile perché due stimoli siano percepiti coscientemente come distinti, cioè non simultanei, e sono i ritmi propri delle scariche neurali), la **scala di integrazione** (da 0,5 a 3 secondi, che è il tempo di un respiro e che corrisponde all'esperienza vissuta come esperienza del presente che, a livello neurofisiologico, corrisponde a forti connessioni reciproche tra neuroni), la **scala narrativa** che comprende la memoria, mentre le prime due scale riguardano i processi ritentivi e protentivi. La scala di integrazione, che corrisponde al **presente vissuto**, corrisponde alla struttura protenzionale-ritenzionale, dove l'assembramento cellulare ha un tempo di rilassamento seguito da una transizione di fase, ovvero un tempo in cui emerge l'esperienza, si stabilizza e svanisce per poi iniziare un nuovo ciclo. Il presente è un blocco di durata tra ora passato e futuro, è l'**"ora neuro dinamico"**, è la struttura temporale dell'esperienza, ed è la base neurale del momento cognitivo presente e dipende da come il cervello analizza la sua attività.

Provo ora a utilizzare le informazioni che ho preso a prestito dalle indagini neuroscientifiche e da quelle fenomenologiche per aggiungere qualche tassello alla sintesi provvisoria con cui ho chiuso il paragrafo precedente, per così abbozzare un'ipotesi di lavoro su cui procedere.

Alla luce del funzionamento del cervello potremmo leggere, nello sviluppo della storiografia, le tensioni, le ricerche e le ipotesi metodologiche per definire i compiti della storia, gli strumenti e i materiali, lo statuto di questo sapere, tirato volta per volta a cercarsi un posto adeguato tra scienza e narrativa, tra oggettività e soggettività, la definizione del metodo e di un suo rigore, così come il bisogno dello storico di rendere visibili le lenti con cui un individuo, un gruppo, un'epoca, legge la realtà, e visibile a se stesso le lenti con cui egli stesso legge la storia e ne fa costruzioni di senso. Le "mediazioni simboliche delle narrative" sono quelle dei protagonisti delle storie narrate, sono le "pratiche discorsive" in cui si strutturano i saperi, sono le pratiche dello storico, con il metodo e gli strumenti selezionati, con la scelta ideologica o esistenziale che plasma la sua relazione col mondo.

La storiografia per suo conto scopre le diverse durate nella storia, così come gli scienziati definiscono le tre fasce di durata significative che corrispondono al tempo di una singola impressione, al tempo di un respiro, al tempo della memoria. Provo a interpretare la relazione di scala tra queste tre misure. Il tempo di una singola impressione esprime un dato di base, elementare per i processi di costruzione del significato, per quanto contenga un elevato grado di relazioni alla scala dei meccanismi delle scariche neurali. Il tempo di un respiro è il presente, un tempo in cui avvengono complessi scambi di informazioni e di relazioni accessibili alla coscienza, anche se non per questo raggiungono ordinariamente la coscienza. Questo tempo è denso, di una densità che, invece, nel tempo più lungo, quello della memoria, per un verso si diluisce poiché si realizza con legami più blandi, e per l'altro si mescola con tutte le interpretazioni derivate dalle influenze stratificate del nostro mondo e dei mondi con cui, direttamente e indirettamente, siamo entrati in contatto.

In questi termini mi sembra di capire un particolare tipo di memoria, quella di cui Marcel Prust[59] va alla ricerca come di un **tempo perduto da ritrovare**, come la distanza tra ciò che resta vivo di un presente vissuto, e che a volte ritorna in un tempo altro, conservando la sua integrità e la sua pienezza, e il solito passato incasellato nella memoria, interpretato ed edulcorato.[60] Si tratta di due forme distinte di memoria e, con le parole di Michel Serres:

---

[59] Marcel Proust inizia la pubblicazione dei 7 volumi de *Alla ricerca del tempo perduto* nel 1913.

[60] In molti suoi saggi Franco Rella ha affrontato il tema del tempo e della memoria; fra tutti: F. Rella, *Il silenzio e le parole. Il pensiero nel tempo della crisi*, Feltrinelli, Milano 1981.

«la memoria dorme nei bracci morti e nei meandri abbandonati; i ricordi si destano nei ritorni bruschi delle controcorrenti»[61]

Delle due, la prima è quella a cui siamo abituati, mentre l'altra è in qualche modo il **riapparire del "presente" dal passato**, ovvero quell'esperienza di cui scrive Prust nell'episodio della *madeleine*. Quell'episodio è una tessera di passato, richiamata dalla percezione olfattiva, che ripiomba fortuitamente nel presente con tutta la sua vividezza. Questo ricordo è quel frammento. Ma quel presente che viene dal passato, e che quindi è rimasto nella rete del nostro archivio, come è sfuggito al sistema automatico di stoccaggio? Dove e perché si è conservato in una forma non abituale e in un modo per cui non so come recuperarlo con un atto di volontà? Quel particolare tipo di memoria, qualora fosse volontariamente recuperabile, come potrebbe essere utilizzato dalla storiografia?

La domanda è su come estrapolare quella comprensione, quella che avviene nell'ora neurodinamico, dalla restituzione completa prodotta dal cervello nel suo complesso, ovvero la visione storica e interpretata dalla memoria implicita; e inoltre se e come questa comprensione possa essere di utilità per la storia, nell'attitudine a cercare l'utilità della storia per la vita. Forse è su questo che si gioca la possibilità di liberare la storia, nel senso di aprirla a cogliere le **potenzialità contenute nel presente**, per quindi ristrutturare anche il passato, risanarlo, renderlo disponibile alla vita, alle speranze di futuro, al miglioramento.

Su una posizione estrema Foucault, spiegando Nietzsche genealogista[62] dice che la storia deve fare **"contromemoria"**. Infatti, il **"senso storico"**, opposto al **"senso metafisico"**, opera la distruzione di tre cose: la realtà (in quanto il "senso storico" si oppone all'idea di storia come reminiscenza o riconoscimento), l'identità (poiché il "senso storico" si oppone alla storia come continuità e tradizione), la verità (in quanto il "senso storico" si oppone alla storia come conoscenza).

---

[61] M. Serres, *Le origini della geometria*, Feltrinelli, Milano 1995 (Paris 1993), p.36.

[62] M. Foucault, *Il discorso, la storia, la verità*, cit., capitolo *Nietzsche, la genealogia, la storia*.

E su quest'ultimo punto dice:

«*In ogni modo, si tratta di fare della storia un uso che la liberi per sempre dal modello, insieme metafisico ed antropologico, della memoria. Si tratta di fare della storia una contromemoria, - e di dispiegarvi di conseguenza una forma del tempo del tutto diversa.*»[63]

La memoria è vista come un modello metafisico e antropologico, e per accedere a un tempo diverso occorre liberarsi da essa. Allo stesso tempo Nietzsche associa talvolta le parole "storicamente" e "fisiologicamente", quasi a indicare una storicità incarnata.
Sempre sul tempo, l'epistemologo Serres dice:

«*Tirando le somme, la scienza tende a sopprimere le caratteristiche tradizionali del modello del tempo: il suo carattere direzionale, irreversibile, la freccia e l'impennata del suo vettore, il suo carattere continuo, le sue dimenticanze e la sua accumulazione mnemonica; con la sua scelta iterata tra una comunicazione folgorante e una messa fuori circuito (…) inventa o domina una nuova temporalità, costituendola a partire da elementi sparsi dell'esplosione dell'antico modello.*»[64]

Così, rifacendosi all'antichissima tradizione filosofica per cui il più rigoroso esempio del pensiero teorico consiste nella contemplazione dell'universo, e il **sistema del sapere** si può osservare come il cielo, le idealità del pensiero teorico hanno una vita storica e, come oggi sappiamo delle stelle, nascono, invecchiano e muoiono.

«*Questo cielo di oggi, costituito attualmente sotto occhi relativi, questo pensiero puro la cui storia non cessa di ritornare su se stessa, questi due sistemi, dell'universo e del sapere, mettono simultaneamente in comunicazione quasi immediata con circostanze la cui data è dispersa in mille maniere concepibili. Eppure bisogna capire il luogo di contatto tra il presente vivo, fluente, e questo spettacolo teorico-concreto che lacera, confonde e complica in modo quasi aleatorio le sequenze temporali, il passaggio tra*

---

[63] M. Foucault, *Il discorso, la storia, la verità*, cit., p.60.
[64] M. Serres, *Le origini della geometria*, cit., p.27.

il mio tempo e una sorta di pancronia distributiva.»[65]

Anacronico e **pancronico**: sono la temporalità dell'universo e del sapere, della filosofia come del sapere storico, allo stesso tempo concreto e astratto. Per questa temporalità Serres esplora come modello l'idea di **"percolazione"**.

La storiografia volta per volta ha sposato un'idea di tempo, il tempo lineare dello Storicismo, quello ciclico e quello dell'eterno ritorno, quello interrotto dallo *choc* di un'esperienza inattuale, e quello frammentato e disseminato della storia eterotopica, quello reversibile della contromemoria; ma c'è anche il tempo reversibile dell'orologio e della meccanica razionale classica, quello irreversibile del secondo principio della termodinamica e quello dell'evoluzione e dell'ingeneramento ugualmente irreversibile ma con freccia opposta, c'è il tempo molteplice delle molte velocità della fisiologia del corpo/mente, quello fenomenologico, quello narrato, quello cosmologico, quello anacronico e pancronico dell'universo e del sapere, quello della percolazione.

Dunque, come appunti lungo un ragionamento: la storia opera con il tempo e sul tempo, la memoria è espressione di una velocità e ci sono diversi tipi di memoria a cui corrispondono diverse velocità, tempo e memoria sono incarnate nel corpo dell'uomo come in quello dell'universo, la memoria può essere ribaltata dalla storia, le diverse temporalità si mescolano, si incrociano, si complicano ed emerge la domanda se sia possibile e utile cercare un luogo della loro integrazione.

---

[65] M. Serres, *Le origini della geometria*, cit., p.28.

CAPITOLO 3

Appunti sul presente: fra fenomenologia e genealogia

In prima istanza fenomenologia e genealogia sembrerebbero inconciliabili, essendo la prima tutta rivolta alla percezione diretta e senza mediazioni della realtà fenomenica, interessata alla "datità" delle cose, e la seconda rivolta alla dimensione temporale di concatenazione dei fenomeni, alle sequenze nel tempo, nella durata, nel divenire di quelle cose.

Eppure la fenomenologia e la genealogia storica hanno punti interessanti di intersezione in alcuni assunti fondativi dei relativi approcci di indagine e per aspetti relativi al metodo.

Tra la cosa e il suo divenire, tra il dato e l'interpretazione, tra l'uso del dato e della sua interpretazione per la costruzione storiografica si annidano domande che incrociano il tema del presente.

La storiografia, costruendo sequenze lungo la linea del tempo, cerca gli inizi o le origini dei fenomeni, interroga la durata degli stessi, interpreta la continuità e cerca i punti di cambiamento, si occupa del divenire che si contrappone all'assolutezza del presente, che invece sembra sottrarsi al tempo. In questo capitolo provo a recuperare tale contrapposizione entro una sintesi che possa contenere i due poli opposti in una prospettiva progettuale.

3.1 *Sul senso*

Fare una costruzione storica di un periodo, di una vicenda, di un'opera vuole dire stabilire un ordine tra gli elementi di conoscenza ricercati

e disponibili e proporre una tesi, un'**interpretazione**, il senso di ciò
che è accaduto. La finalità è capire cosa come e perché sia successo,
cosa volesse dire per quegli uomini, protagonisti diretti o indiretti
delle vicende osservate, e cosa come e perché quelle vicende possano
interessarci, quale significato abbiano per noi che oggi le guardiamo
da una distanza storica.

Provo a fare un passaggio dentro la fenomenologia alla ricerca di
qualcosa di utile riguardo alla questione del significato. Due parole
chiave per la fenomenologia sono "percezione" ed "esperienza".
La **percezione** non è la semplice ricezione di informazioni, ma
comprende un'interpretazione che varia in relazione al **contesto/
mondo**. L'**esperienza** ha una struttura intenzionale, caratteristica
della coscienza che è sempre "su" o "di" qualcosa, per cui non è
mai un processo isolato o elementare, ma è sempre in riferimento al
mondo. La percezione è plasmata dall'esperienza, ovvero dal modo in
cui abitualmente esperiamo le cose.

La fenomenologia non si interessa della natura causale o sostanziale
degli oggetti, ma al modo in cui essi si mostrano nell'esperienza.
Dunque, la fenomenologia vuole comprendere e descrivere la struttura
esperienziale della nostra vita mentale/corporea, non come le cose
siano ma come appaiano in quanto funzione della nostra esperienza,
come il mondo mi appaia facendone esperienza; e tenta di catturare le
strutture stabili dell'esperienza.

Le strutture dell'esperienza sono descritte dalle seguenti caratteristiche
della percezione che è: egocentrica, incarnata, intenzionale, spaziale,
temporale, prospetticamente incompleta, fenomenica. La **percezione**
è **egocentrica** in quanto è possibile solo alla prima persona, è **incarnata**
perché avviene solo attraverso il corpo, è **intenzionale** in quanto è
nel mondo, ovvero è sempre in relazione a qualcosa. Inoltre, lo **spazio**
incorporato plasma la nostra esperienza, e il senso preriflessivo di unità,
il "sè", è dato dal **tempo**, a cui sono collegati il linguaggio, le pratiche
narrative, le relazioni sociali e i contesti culturali. L'**incompletezza
prospettica** è dovuta al fatto che posso avere solo visioni parziali di
un oggetto e che, con un processo di sintesi di natura temporale, lo
percepisco nella sua interezza come insieme di istanti sinteticamente
integrati. Infine, il carattere fenomenico dice che percepisco le cose
per il modo in cui esse appaiono, ovvero nella loro **"datità"**.

Per la fenomenologia la coscienza è il nostro unico accesso al mondo, perché ci svela il mondo.

I principali strumenti della fenomenologia sono: l'"epochè", la "riduzione fenomenologica", la "variazione eidetica" e la "corroborazione intersoggettiva". L'**"epochè"** è la sospensione dell'atteggiamento naturale. Per Husserl è una procedura per sospendere o neutralizzare un certo atteggiamento dogmatico naturalista verso la realtà e potersi concentrare sul modo in cui la realtà ci appare nell'esperienza, che è poi il nostro contributo cognitivo e rivelatore del significato. Questo implica un cambiamento di atteggiamento verso la realtà, e non un'esclusione della realtà, poiché esclude solo l'ingenuità che ci fa dare il mondo per scontato; supera i due dogmi, opposti eppure simmetrici in quanto dogmi: che la realtà sia oggettiva, e che la realtà non esista. La **riduzione fenomenologica** è la correlazione tra l'oggetto dell'esperienza, ovvero i modi particolari dell'apparire delle cose, e l'esperienza stessa, che ha a che fare con la struttura specifica della soggettività. La **variazione eidetica** riguarda gli aspetti essenziali e immutabili di tale correlazione. La **corroborazione intersoggettiva** è la riproduzione e il grado in cui le strutture sono universali o condivisibili. L'**intersoggettività** è infatti la prospettiva che emerge dall'incontro di almeno due prospettive in prima persona. Circa l'oggettività, che riguarda lo sguardo della realtà in terza persona, ma che non può che prodursi dentro questo mondo, la fenomenologia osserva che l'oggettività scientifica è basata sulle osservazioni e sulle esperienze di individui, quindi è una conoscenza condivisa da una comunità di soggetti di esperienza.

Alcune altre considerazioni della fenomenologia sono: che i processi cerebrali causino la percezione ma non siano parte dell'esperienza, che dentro e fuori non siano separabili, che gli **stati cognitivi** possano essere **mentali, emotivi, esperienziali**.

Questo breve e riduttivo excursus dentro gli strumenti messi a punto dalla fenomenologia[66] mi serve per usarne alcune comprensioni per il nostro ragionamento intorno al senso nella costruzione storica.

---

[66] Ho prodotto questa sintesi utilizzando il testo di S. Gallagher e D. Zahavi, *La mente fenomenologica*, cit.

Faccio un'ulteriore schematizzazione delle cose appena dette. Sia la percezione che l'esperienza sono contestuali poiché la prima non è semplice ricezione ma contiene già l'interpretazione dei dati in relazione al contesto/mondo, e la seconda è in relazione al mondo perché intenzionale, ed è il modo abituale di relazionarsi ad esso. Cercando non la causa o la sostanza delle cose, ma come esse appaiono, emerge che ogni cosa e ogni azione siano definite da un'interpretazione prodotta all'interno di un contesto/mondo. Inoltre, la vita è mentale/corporea e la cognizione è mentale, emotiva, esperienziale; l'esperienza è intenzionale, quindi cosciente; l'intersoggettività può avvicinare i due opposti di soggettivo/oggettivo.

Dunque, non vi è che il contesto/mondo e la relazione con il mondo è data solo attraverso il corpo/mente. Tra i due dogmi che la realtà sia oggettiva o che non esista, si apre lo spazio della **realtà come contesto/mondo**, **corpo/mente** e **intersoggettività**.

La storiografia fa narrazioni, o costruzioni di significati, o propone tesi, insomma ruota intorno al senso, che è inevitabilmente contestuale a diversi livelli. La storiografia è espressione dell'essere storico e sociale dell'uomo, ovvero del suo percepirsi e del suo percepire il mondo attraverso la percezione incarnata del tempo e dell'intersoggettività. Contesto rimanda a **relazione**, e questa a comunicazione: enunciando una qualunque frase occorre, perché avvenga la **comunicazione**, che sia condiviso il codice linguistico utilizzato. Ma questo livello minimo, se pure indispensabile, assolve solo alla comunicazione del senso letterale. Per coglierne il senso ad un altro livello occorre la condivisione del contesto (il gruppo, la società). Ma ci sono ancora altri livelli, come l'episteme. E la scala di azione di un contesto, potremmo dire di un contesto linguistico come **sistema di significazione**, è tanto più grande quanto più ampia è la condivisione di quel contesto, ovvero, il grado di intersoggettività, che è la prospettiva che emerge dall'incontro di almeno due prospettive in prima persona. E in cosa possiamo riconoscere le strutture universali? Per strutture universali si può intendere anche le strutture di funzionamento del corpo/mente? E la comunicazione che riguarda questa struttura ha rilevanza per le pratiche della disciplina storica?

Spingendoci al limite incontriamo il confine tra molteplici contesti diversi e universalità, e si aprono territori di indagine ibridi tra storia e

altre discipline, territori in cui collocare le domande sugli inizi o sulle
origini, sulle radici o sulla gestazione della nostra storia, su *Origini di
storie* come dice il titolo del libro di Gianluca Bocchi e Mauro Ceruti[67].
Indagheremo questo aspetto nel prossimo paragrafo e faremo
incursioni nelle strutture di funzionamento del cervello nel prossimo
capitolo come apporto di comprensione a storia arte e architettura.
Molti contesti si intrecciano in ogni comunicazione, e il senso è dato
dalla **mappa** di tutti questi **strati** insieme. La storiografia costruisce
queste mappe. Ogni approccio della storiografia potrebbe essere
definito per come sceglie **contesti**, consapevolmente o meno, per
come incontra contesti attraverso i documenti, o per come interroga
le tracce alla ricerca di contesti. Ad esempio, vi è la scelta esclusiva
di un contesto privilegiato di significazione per leggere un'opera
d'arte: può essere l'ambito della produzione e del mercato, come
nella storia "sociale" dell'arte, oppure la scelta del linguaggio e della
forma nella lettura stilistica e formalista, o della comunicazione con
una attenzione concentrata sulla relazione tra messaggio e *medium*
nell'approccio semiologico o strutturalista, o lo sguardo rivolto ai
temi e ai simboli nell'iconografia e, come espressione dell'episteme,
nell'iconologia, oppure la lettura dell'opera come luogo che interseca e
intreccia più contesti di significazione e , in alcuni casi, si spinge fino a
raggiungere il limite dei contesti, dove si possono incontrare strutture
antropologiche.[68]

---

[67] G. Bocchi e M. Ceruti, *Origini di storie*, Feltrinelli, Milano 2000 (1993)

[68] G.. C. Argan, *Le quattro fondamentali metodologie negli studi di Storia dell'Arte*,
in G.. C. Argan e M. Fagiolo, *Guida alla storia dell'Arte*, Sansoni, Firenze
1974, pp.31-39. Si trova anche in L. Patetta, *Storia dell'architettura. Antologia
critica*, Maggioli editore, Segrate (MI) 2008, pp.18-19. Il recente libro a
cura di Orietta Rossi Pinelli, *La storia delle storie dell'arte*, Einaudi, Torino
2014, individua nella storiografia dell'arte tra Ottocento e anni Ottanta
del Novecento quattro indirizzi preminenti: quello della *connoisseurship* che
interpreta l'opera d'arte come un intero in cui trovare tutte le chiavi per
la comprensione, la ricerca formalista che vuole penetrare lo "spirito" dei
manufatti artistici, la storiografia positiva interessata ai documenti, la storia
dell'arte come storia della cultura in cui devono confluire saperi differenti.

I contesti sono anche le **scale**: lo storico deve individuare e verificare volta per volta a quale scala l'oggetto indagato acquisti significato, e definire l'intreccio tra più scale. Lavorare con le scale è come mettere a fuoco uno strumento di visione, le ottiche di una macchina fotografica come protesi del nostro occhio, o il microscopio e il telescopio per misure che eccedono la capacità del nostro occhio.

Così come l'esperienza è il nostro contributo cognitivo e rivelatore del significato, anche per la storiografia è il contesto, anzi i contesti, a produrre il significato storico, e questi vanno indagati come diversi gradi di intersoggettività, definendone le diverse comunità di soggetti di esperienza, e individuando le scale dei fenomeni.

Dunque, per definire il significato giocano un ruolo cruciale i contesti e le scale. Intuisco tuttavia che, ad un livello più sottile, incidano sulla definizione del significato anche altri elementi di cui sopra: l'unità corpo/mente, o mente incarnata, il fatto che dentro e fuori non siano separabili e l'ipotesi che gli stati cognitivi possano essere mentali, emotivi, esperienziali.

3.2 *L'origine e gli inizi*

Una caratteristica della fenomenologia sta nel fatto che non intraprende l'indagine a partire da una teoria, ovvero da ciò che ci si aspetta di trovare in base alla teoria abbracciata, ma che si lascia guidare da ciò che è effettivamente esperito. Così, cercando di evitare pregiudizi metafisici e teorici, opera in modo che sia la nostra esperienza a dare forma alle nostre teorie. Con un altro approccio, la storia eterotopica di Foucault vuole evitare il rischio di una teoria che orienti la spiegazione delle vicende di un contesto storico, e si mette da un'altra parte rispetto alla storia utopica. La **storia eterotopica** guarda ciò che avviene all'interno di uno spazio, un periodo o un contesto storico, come se questo fosse un **campo di forze** attraversato da **flussi** e in cui si manifestino eventi. Al contrario la **storia utopica** ordina gli eventi in una sequenza lineare e causale, illuminati da un'idea che restituisce il senso, un'idea che sta fuori dal contesto indagato ma attraverso cui quel contesto viene ordinato e interpretato.

Utopia ed eterotopia hanno una stessa radice che è *topos*, luogo: utopia è non-luogo, mentre eterotopia è altro-luogo. La questione è dove cercare il senso delle cose che osserviamo, e nello specifico, dei fenomeni storici. La storia utopica cerca questo senso in un luogo che non esiste nel mondo dei fenomeni indagati, ma è un luogo astratto, delle idee. Ed è in quel luogo che ciò che avviene nel mondo dei fenomeni indagati acquista un significato. Il luogo altro è invece interno al mondo di quei fenomeni, ma è un luogo molteplice, disperso, disseminato, così come il significato è da cercare dentro i fenomeni stessi ed è esso stesso disseminato dentro quelli, e ogni costruzione di sintesi è la figura che emerge dal modo in cui si attraggono e si respingono reciprocamente le forze in campo. Potremmo dire che l'utopia sia il luogo che contiene l'origine, mentre nell'eterotopia possiamo solo cercare inizi.

Proviamo ad avanzare nel ragionamento tenendo uno sguardo ampio a contenere sia alcune intuizioni che vengono dalla fenomenologia, sia alcune strategie della storia eterotopica, e incontrando in questo procedere la genealogia di Nietzsche.

«La genealogia è grigia; meticolosa, pazientemente documentaria. Lavora su pergamene ingarbugliate, raschiate, più volte riscritte», così Foucault apre il saggio su Nietzsche, la genealogia, la storia.[69] E prosegue:

«*Di qui, per la genealogia, un'indispensabile cautela: reperire la singolarità degli eventi al di fuori di ogni finalità monotona; spiarli dove meno li si aspetta e in ciò che passa per non aver storia – i sentimenti, l'amore, la coscienza, gl'istinti; cogliere il loro ritorno, non per tracciare la curva lenta di un'evoluzione, ma per ritrovare le diverse scene dove hanno giocato ruoli diversi; definire anche l'istante della loro assenza, il momento in cui non hanno avuto luogo.*»[70]

Minuzia del sapere, accumulo di molti materiali e **pazienza**, piccole verità non appariscenti trovate con metodo severo caratterizzano la genealogia che, opponendosi ai significati ideali e metastorici, si oppone alla ricerca dell'origine.

---

[69] M. Foucault, *Il discorso, la storia, la verità*, cit., p.43.
[70] M. Foucault, *Il discorso, la storia, la verità*, cit., p.43.

Per Nietzsche contro la storia "monumentale" c'è la storia "effettiva". La storia "monumentale" è quella che porta l'umanità verso il compimento di un destino:

«*storia che si dava per compito di restituire le grandi vette del divenire, di mantenerle in una presenza perpetua, di ritrovare le opere, le azioni, le creazioni secondo il monogramma della loro intima essenza*»[71]

Ma questa storia "monumentale" sbarra la strada alla vita attuale, alla sua intensità e alle sue creazioni.
Ciò che Nietzsche non ha smesso di criticare, dalla seconda delle *Considerazioni inattuali*[72] in poi, è questa forma di storia che reintroduce il punto di vista sovrastorico. Al contrario, il **senso storico**, sfuggendo alla metafisica, diventa lo strumento privilegiato della genealogia.
Foucault spiega perché Nietzsche genealogista rifiuta, almeno in certe occasioni, la ricerca dell'origine:

«*Innanzitutto perché in essa ci si sforza di raccogliere l'essenza esatta della cosa, la sua possibilità più pura, la sua identità accuratamente ripiegata su se stessa, la sua forma immobile ed anteriore a tutto ciò che è esterno, accidentale e successivo. Ricercare una tale origine, è tentare di ritrovare "quel che era già", lo "stesso" d'un'immagine esattamente adeguata a sé; è considerare avventizie tutte le peripezie che hanno potuto aver luogo, tutte le astuzie e tutte le simulazioni; è cominciare a togliere tutte le maschere, per svelare infine un'identità originaria.*»[73]

La conclusione è che, se il genealogista ascolta la storia, anziché prestar fede alla metafisica, scopre che dietro le cose non c'è un segreto essenziale e senza data, ma che le cose sono senza essenza, o che la loro essenza è stata costruita pezzo a pezzo a partire da cose che le erano estranee. Ancora, l'origine è prima della caduta, e così come è fuori dal tempo, è anche fuori dal mondo e fuori dal corpo. Infine, l'origine sarebbe il luogo della perfezione e il luogo della verità.

---

[71] M. Foucault, *Il discorso, la storia, la verità*, cit., p.61.

[72] F. Nietzsche, *Considerazioni inattuali*, cit.

[73] M. Foucault, *Il discorso, la storia, la verità*, cit., p.45.

Al contrario gli inizi sono storici, sono bassi nel senso che distruggono tutte le infatuazioni metafisiche, e bisogna «andare a cercarli senza pudore là dove sono – "frugando i bassifondi"; lasciar loro il tempo di risalire dal labirinto dove nessuna verità li ha mai tenuti sotto la sua guardia».[74]

«Bisogna saper riconoscere gli eventi della storia, le sue scosse, le sue sorprese, le vacillanti vittorie, le sconfitte mal digerite, che rendono conto degl'inizi, degli atavismi e delle eredità; come bisogna saper diagnosticare le malattie del corpo, gli stati di debolezza e d'energia, le incrinature e le resistenze per giudicare un discorso filosofico. La storia, colle sue intensità, cedimenti, furori segreti, le sue grandi agitazioni febbrili come le sue sincopi, è il corpo stesso del divenire.»[75]

Dunque, all'origine metafisica si contrappongono gli inizi che sono nel mondo, che sono incarnati. Agli inizi possiamo collegare un'idea di **storia incarnata**, e di storia come durata, come divenire, ma anche l'idea di storia come **percorso labirintico**, con ripensamenti, errori, revisioni.

Ancora, per Nietzsche-Foucault a proposito dell'inizio nell'accezione di provenienza, il compito della genealogia non è di mostrare che il passato sia ancora vivo nel presente e che le traversie del percorso siano state disegnate sin dall'inizio:

«Seguire la trafila complessa della provenienza, è al contrario mantenere ciò che è accaduto nella dispersione che gli è propria: è ritrovare gli accidenti, le minime deviazioni – o al contrario i rovesciamenti completi – gli errori, gli apprezzamenti sbagliati, i cattivi calcoli che hanno generato ciò che esiste e vale per noi; è scoprire che alla radice di quel che conosciamo e di quel che siamo non c'è la verità e l'essere, ma l'esteriorità dell'accidente.»[76]

Oltre a provenienza, inizio assume l'accezione di emergenza o nascita, apparizione, che per il genealogista è prodotta da un certo stato delle

---

[74] M. Foucault, *Il discorso, la storia, la verità*, cit., p.47.

[75] M. Foucault, *Il discorso, la storia, la verità*, cit., p.47.

[76] M. Foucault, *Il discorso, la storia, la verità*, cit., p.48.

forze per il **gioco casuale** delle dominazioni.

Sempre alla ricerca del discrimine tra origine ed inizio, o di come la storiografia vada alla ricerca dell'una o dell'altro, mi sposto sul terreno della storia del pensiero scientifico per incontrare nuovamente Serres, le cui indagini vanno alla ricerca delle origini (della fisica, della geometria), o delle **fondazioni** (di Roma).[77] Origine qui non ha quel portato metafisico incollato al termine da Nietzsche, anzi per Serres la storia delle scienze non è una tradizione continua ma una trama discontinua e lacerabile. Si tratta di un'evoluzione che si complica fino al caotico:

«*La discontinuità inventiva va quindi più a fondo della continuità della tradizione: l'idea di algoritmo precedette un tempo, e oggi segue, il teorema metrico. (…) Così, vari tipi di temporalità si dispiegano.*»[78]

Infatti i calcoli sessagesimali riportati dalle tavolette cuneiformi babilonesi somigliano sorprendentemente ai moderni procedimenti algoritmici dei calcolatori, un'astrazione perduta o disprezzata da quella dei Greci. «L'aurora della prima geometria greca vide nel triangolo la figura più semplice dello spazio, dopo il punto, il segmento e l'angolo»[79] da cui muove tutta l'analisi per triangolazioni. Ma un altro inizio fa ricadere sul segmento la nozione fondamentale di vettore che svela la struttura dello spazio vettoriale, in una "semplicità prima":

«*La diagonale metrica fu storicamente vissuta come il dramma dell'irrazionale e certa morte del pensiero puro: possiamo pensarla come ciò che avrebbe potuto essere il primo passo di una razionalità più alta di quella di Euclide.*»[80]

---

[77] Tra i titoli dei libri di Michel Serres ci sono, appunto, *Lucrezio o l'origine della fisica*, Sellerio, Palermo 2000 (Paris 1977), *Le origini della geometria*, cit., *Roma. Il libro delle fondazioni*, Hopefulmonster, Firenze 1991 (Paris 1983).

[78] M. Serres, *Le origini della geometria*, cit. p.16.

[79] M. Serres, *Le origini della geometria*, cit., p.16.

[80] M. Serres, *Le origini della geometria*, cit., p.17.

Serres pone, per la storia della scienza, la questione della relazione tra **invenzione** e **tradizione**: ogni invenzione reagisce sino alle origini, l'invenzione corrente scopre dei precursori, dimenticando altre origini che così diventano scorie. Si sospende la tradizione per tornare all'origine, o viceversa si riattiva la tradizione, con un andamento per cui si spezzano o si annodano diverse durate che così si incrociano. L'inventore:

«*Su una forma data, egli legge il passato occultato, il presente attivo e i possibili, applica un avvenire impredittibile su un passato sempre mobile nel punto focale dell'intuizione nuova. (…) Sì, divinamente, l'invenzione fa la storia: che importanza hanno i miei antenati, discenderanno da me!*»[81]

Una grande invenzione annulla un campo del sapere sostituendolo con un altro, per questo la storia delle scienze comunica con l'origine "in modo folgorante":

«*Ancora una volta, non comunico affatto con l'origine attraverso il canale storico tradizionale, ma attraverso lo sforzo d'invenzione e di fondazione della matematica stessa. La mia regressione non segue la via della tradizione, indefinitamente fuori circuito, ma la strada verticale dell'arte di inventare matematica: io reinterpreto la tradizione storica a partire da essa.*»[82]

Serres parla di "incessante messa fuori circuito", che mi fa pensare all'inattualità di Nietzsche.
Serres trova, per definire il tempo, e per comprendere la storia, l'idea di **percolazione**: il tempo passa così come i miscugli percolano, perché filtra, traversa, setaccia. Dello scorrimento reale del tempo si ricordano «il conservatorio oggettivo delle nostre lingue e i comportamenti contadini, memoria che le nostre scienze ritrovano nei loro più recenti progressi»[83], ovvero gli etimi, i toponimi, i motti degli antichi come strumenti con cui aiutarsi nello scavo e nello scandaglio

---

[81] M. Serres, *Le origini della geometria*, cit., pp.18-19.
[82] M. Serres, *Le origini della geometria*, cit., p.27.
[83] M. Serres, *Le origini della geometria*, cit., p.36.

del passato. E per comprendere l'origine Serres guarda alla sorgente di un fiume, che consiste in un bacino di raccolta di innumerevoli fili d'acqua, un'arborescenza intricata, dove il bacino segna la soglia della percolazione. Dunque la sorgente, che è l'inizio a monte, è anche la convergenza a valle, dove inizia il corso d'acqua, e, come «limite tra questi due regni, l'origine inverte le leggi di regime»[84]. Di qui l'idea di origine come inversione, **ribaltamento**.

La ricerca dell'inizio, dell'origine, della fondazione o del ribaltamento ricorsivamente è oggetto di attenzione nella storia degli uomini, e ci pone alla ricerca di tracce che vengono dalla preistoria o alla ricerca del limite tra la storia e il mito. E poiché all'origine c'è il **nominare**, le tracce sono conservate nelle parole che conservano il legame con il corpo - dell'uomo, della terra, del cielo, del mondo -, e la scala delle relazioni, tra gruppi, etnie, popoli, e tra luoghi abitati della terra. All'origine è più evidente lo statuto incarnato di ogni nostro comprendere ed agire. In *Origini di storie*[85] , un libro dedicato all'origine della nostra storia, anzi alle origini, Bocchi e Ceruti utilizzano gli studi di linguistica comparata come uno degli strumenti di indagine per tracciare origini e colleganze tra civiltà, attraverso le radici e la genesi di alcune parole comuni e gli **etimi**. Il lessico è la traccia più resistente e può essere usato come sonda nelle profondità più remote della storia. Nella preistoria dei nostri linguaggi si conserva quel legame con le cose, su cui poi si è stratificata una coltre di interpretazioni e riduzioni.
In questa direzione di ricerca posso cogliere l'idea di inizio contenuta nella capanna primitiva di Marc Antoine Laugier[86], il procedimento di distillazione dei quattro elementi dell'architettura, prodotto da Gottfried Semper[87], la genealogia della città e dell'architettura in alcuni

[84] M. Serres, *Le origini della geometria*, cit., p.37.
[85] G. Bocchi, M. Ceruti, *Origini di storie*, cit.
[86] E' famosa la rappresentazione della capanna che Laugier mette nel frontespizio del sui *Essai sur l'architecture*, nella seconda edizione nel 1755. La prima edizione è 1753.
[87] Semper pubblica *Die Vier Elementen der Baukunst* nel 1851. H. Quitzsch, *La visione estetica di Semper*, seguito da G. Semper, *I 4 elementi dell'architettura*,

saggi di Joseph Rykwert[88] e di Serres[89], l'origine del linguaggio classico dell'architettura attraverso il meccanismo del *tropos* di cui scrive George Hersey[90].

L' indagine sulle origini si avvale o scopre la relazione del fare e del conoscere con il corpo, e delle parti del corpo e delle cose con le parole che le nominano. Ne possiamo dedurre anche alcuni strumenti di indagine: ad esempio, per il carattere evocativo degli inizi nelle parole, l'utilizzo degli etimi, dei **toponimi** e dei *tropoi* si prospetta ricco di scoperte.

Inoltre, come scrivono Bocchi e Ceruti:

«*Nulla vi è stato di inevitabile nell'origine, nello sviluppo e nell'intreccio delle storie. Ma tutte queste storie sono irreversibilmente accadute, ed è nel loro intreccio che si è generato il presente dell'universo, della vita, delle specie, delle civiltà. Ciascuna tradizione del nostro pianeta ha disvelato tracce delle molteplici storie di cui è fatta.*»[91]

Questo non contraddice ma articola l'idea che gli inizi contengano un **potenziale**. Se guardiamo la storia a posteriori vi leggiamo una linearità, ma se ci collochiamo lungo il suo percorso scopriamo che si tratta di un procedere tortuoso, fatto di salti, interruzioni, sincopi, ritorni, esperimenti. Il potenziale contenuto in ogni inizio fa pensare a ciò che è il **seme** per l'albero. Il seme è qualcosa che ha un potenziale, e poter diventare un albero fa parte della sua natura, e pertanto è già nella sua realtà attuale, natura che però si manifesterà solo se una serie di condizioni favorirà tale evoluzione.

Storia incarnata, intreccio di molteplici storie e quindi di molti inizi,

---

Jaca Book, Milano 1991 (Berlin 1962).

[88] J. Rykwert, *L'idea di città. Antropologia della forma urbana nel mondo antico*, Adelphi, Milano 2002 (Amsterdam 1963); J. Rykwert, *La casa di Adamo in paradiso*, Mondadori, Milano 1977 (MoMA, New York 1972)

[89] M. Serres, *Roma. Il libro delle fondazioni*, cit.

[90] G. Hersey, *Il significato nascosto dell'architettura classica*, Mondatori, Milano 2001 (Cambridge 1988).

[91] G. Bocchi, M. Ceruti, *Origini di storie*, cit., p.12.

il ruolo del caso, il ribaltamento, e l'oggi, o l'invenzione, per la storia della scienza, che ordina in una nuova sequenza la storia e posiziona l'origine: sono ulteriori elementi di definizione di un territorio per le pratiche dello storico.

C'è ancora un passaggio che desidero fare e riguarda l'evoluzione del nostro cervello a partire dall'origine della storia dell'uomo. Dagli studi neuroscientifici emerge l'ipotesi che la forma del nostro cervello con le caratteristiche attuali risalga al neolitico, e che con *homo sapiens* sia avvenuto un passaggio evolutivo, una sorta di "transizione di fase" nel corso del nostro diventare umani. In quel passaggio si sarebbe stabilizzata la struttura del cervello modulare lateralizzato, con la specializzazione dei due emisferi e l'emergere di nuove capacità che ci differenziano da tutti gli altri animali.[92] La struttura del nostro cervello è tricerebrale, ovvero è costituita da tre parti che corrispondono a tre aspetti dell'uomo, ma queste corrispondono anche alle fasi dell'evoluzione della vita e della specie umana all'interno della **filogenesi terrestre**:

«Gli strati superficiali della corteccia ospitano una grande quantità di neuroni che si ritiene siano esclusivamente umani. Questi neuroni, un "aggiunta" recente, formano i circuiti che modellano la nostra facoltà di pensare in maniera lineare, come nel linguaggio complesso, e tramite sistemi astratti e simbolici quali la matematica. Negli strati più profondi della corteccia cerebrale, invece, troviamo le cellule del sistema limbico, cellule corticali che condividiamo con altri mammiferi. Il sistema limbico conferisce una carica affettiva, o emotiva, alle informazioni che fluiscono in noi attraverso i sensi.»[93]

Dopo il **cervello corticale** e quello **limbico**, più in profondità troviamo il cervello **rettile**, corrispondente al tronco encefalico e al cervelletto, che è la parte più antica del cervello e si occupa delle funzioni degli organi interni e dei movimenti muscolari.
L'ipotesi fenomenologica che gli **stati cognitivi** possano essere

---

[92] Rimando al libro di M. Gazzaniga, *Human*. cit.
[93] J. Bolte Taylor, *La scoperta del giardino della mente*, cit., p.20.

mentali, emotivi, esperienziali, intendendo con quest'ultimo l'istinto radicale nel funzionamento per la sopravvivenza, avrebbe riscontro nella struttura del cervello. Ma queste forme o componenti della cognizione corrisponderebbero anche alle fasi evolutive della relazione dell'uomo con il mondo. La nostra preistoria si conserva nella struttura del cervello, e agisce in noi in relazione con le altre competenze acquisite o potenziali lungo il percorso evolutivo.
Srive Henry Bergson:

«*La storia dell'evoluzione della vita, per quanto ancora incompleta, ci lascia già intravedere come l'intelligenza sia venuta costituendosi attraverso un progresso ininterrotto, lungo una linea che percorrendo la serie dei vertebrati giunge sino all'uomo.*»[94]

E Braudel, spingendoci a guardare le nostre radici nella lunga gestazione della preistoria, ci mette in guardia poiché:

«*a forza di psicanalizzare il doppio, triplo o quadruplo fondo delle nostre anime, forse un bel giorno vi ritroveremo tutti i furori, i brutali bisogni dell'uomo primitivo e le angosce di cui non è riuscito a darsi ragione*»[95]

La preistoria diventa un territorio di caccia per trovare gli inizi di segni che portiamo ancora addosso. Andare indietro agli inizi può essere, dunque, una sorta di lavoro psicanalitico, per conoscerci e comprendere cosa ancora agisce in noi da quella lontananza, ma può anche essere la comprensione più profonda di un patrimonio di esperienza da cui poter recuperare quelle abilità che stanno alla radice del nostro essere, facendole interagire con le altre abilità acquisite o potenziali. I furori e i brutali bisogni dei nostri antenati preistorici sono il nostro radicamento nella vita per la sua conservazione, solo che oggi possiamo relazionare quegli istinti con il sentimento di appartenenza a un insieme più grande e alla capacità di indagine razionale alimentata

---

[94] H. Bergson, *L'evoluzione creatrice*, Raffaello Cortina editore, Milano 2002 (Paris 1907), p.1.
[95] F. Braudel, *Storia misura del mondo*, cit., p.95.

e direzionata da quel sentimento. Da quel fondo oscuro, la nostra radice, possiamo recuperare il rispetto per la terra che ci ospita, per l'equilibrio dell'insieme, per l'uso sostenibile delle risorse.

Ma emerge da quegli inizi anche la percezione di uno sforzo titanico dei nostri antenati, e anche l'idea che al fondo della nostra storia di abitanti di questo pianeta ci siano stati dei cambiamenti culturali di una portata mai più raggiunta: come il passaggio, nel Neolitico, dalla raccolta all'agricoltura e all'addomesticamento di altre specie.

E' interessante che, come spiega Serres, questo passaggio avvenga solo a seguito della creazione di un vuoto, la denudazione completa di un pezzo di terra, l'espulsione di quanto la occupava. L'origine, anzi il **salto evolutivo**, il passaggio da un livello ad uno nuovo viene collegato a questo **fare vuoto** all'interno di uno **spazio protetto**, recintato, definito.

«L'agricoltura nasce da questo quadrato di base, la rottura del cui equilibrio realizzata dall'espulsione costituisce un luogo di pulizia, fondamento originario di ogni proprietà. Il primo che, avendo recintato un terreno o un campo, si preoccupò di escludere tutto ciò che in esso si trovava, fu il vero fondatore dell'era storica seguente.»[96]

Fare vuoto, azzerare per creare uno spazio per la novità, è una sintesi carica di significati traslabili ad altri contesti, ad esempio alla nostra mente e ai processi creativi, all'invenzione e alle scoperte che si producono in uno stato di rilassamento che segue una fase intensa di lavoro e di concentrazione.[97]

---

[96] M. Serres, *Le origini della geometria*, cit., p.41.

[97] Si vedano sull'argomento: Willis Harman e Howard Rheingold, *Creatività superiore. Come liberare le intuizioni dell'inconscio*, Astrolabio, Roma 1986 (Los Angeles 1984); Edoardo Boncinelli, *Come nascono le idee*, Laterza, Bari 2010.

3.3 La continuità, il cambiamento, i ritorni

Come scandiamo il tempo della storia? Con quali sottolineature? Origini, inizi, continuità, cambiamenti e ritorni definiscono la **scansione** e la caratterizzazione del tempo e della storia. Lo storico, parlando di "età", "epoche", "cicli", "periodi", si confronta con tale questione, con il compito di utilizzare, o di verificare, o di ridefinire la scansione, ovvero la **periodizzazione** del tempo storico.[98]
Jacques Le Goff sostiene, ad esempio, la revisione della periodizzazione tradizionale della storia dell'Occidente scandita in Antichità, Medioevo, Età Moderna inaugurata dal Rinascimento, Età Contemporanea a partire dalla rivoluzione industriale. Lo storico francese argomenta la tesi di un lungo Medioevo, che si dispiega tra Antichità ed età contemporanea, e vede il Rinascimento come una delle rinascite da collocare in una sottoscansione all'interno del Medioevo.[99]
Dunque, per porre correttamente la questione della scansione, della definizione di periodi e di sottoperiodi, abbiamo necessità di vedere dove e come si manifesta il **cambiamento** e di quale ordine esso sia, abbiamo bisogno di allenarci a vederlo, sensibilizzarci a comprenderne il portato, a coglierne il livello di radicalità.
Gli inizi, dunque, possono essere visti anche come punti di discontinuità radicale.
Serres indaga la storia delle scienze e la vede come una trama discontinua piuttosto che una tradizione continua, dove la discontinuità è data dall'invenzione. Dunque, per la storia delle scienze la relazione tra continuità e cambiamento si traduce nella relazione tra tradizione e invenzione. Ogni invenzione è un nuovo inizio che reagisce fino alle origini, che comunica con l'origine "in modo folgorante", che

---

[98] In Occidente, prima della storiografia, la suddivisione del tempo per organizzare il passato era un'operazione gestita all'origine dal sapere teologico, e ha prodotto modelli divenuti poi tradizione. Nella tradizione ebraico-cristiana ci sono, ad esempio, due modelli di periodizzazione della storia dell'umanità, e ognuna utilizza il riferimento a un numero: il 4 corrispondente alle stagioni dell'anno e il 6 relativo alle età della vita umana.
[99] J. Le Goff, *Il tempo continuo della storia*, Laterza, Bari 2014 (Edition du Seuil, 2014).

sospende la tradizione piuttosto che collocarsi lungo il suo canale.

Se nell'indagine storica ha particolare rilevanza riconoscere i punti di discontinuità, ovvero dove avvengono cambiamenti, per poter riconoscere un cambiamento occorre, però, saper riconoscere la continuità rispetto alla quale il cambiamento si presenta come interruzione, discontinuità, cesura.

Ma la vita è continuo **movimento**, dunque, come distinguere la continuità dal cambiamento? I cambiamenti sono tutti dello stesso livello? Tutti i cambiamenti hanno la stessa portata? Come posso definire a quale livello corrisponde un cambiamento? Per la vita degli individui così come per la vita delle civiltà queste domande sono rilevanti per cogliere i processi di **crescita**, **sviluppo** ed **evoluzione**, per vederne l'andamento (ascendente o discendente), il ritmo, la velocità, le fasi, per prefigurarne gli sviluppi, gli esiti, le conseguenze future.

Per Braudel i livelli sono gli **strati** del suo **fiume della storia**, con le differenti velocità, dallo strato superficiale della storia "evenemenziale" a quello profondo delle mentalità. Una **cesura epistemologica** taglia il fiume fin negli strati più profondi, ovvero corrisponde a un cambiamento al livello della visione del mondo. I cambiamenti epistemologici costituiscono nella cronologia storica i passaggi da un mondo all'altro, ovvero, nella storia dell'Occidente, definiscono la sequenza di mondo antico, medievale, moderno, contemporaneo.

Associando agli strati della storia varie categorie di fatti sociali, Braudel fornisce una griglia di lavoro che va però calibrata sugli specifici oggetti dell'indagine storica e attraverso una sensibilità allenata a cogliere le scale e la portata dei fenomeni.[100]

Ma come allenare quella sensibilità, come insegnare a cogliere **scale** e **livelli** dei fenomeni storici?

---

[100] Nel suo *Il Mediterraneo. Lo spazio la storia gli uomini le tradizioni* , Bompiani, Milano 2002 (Paris 1985) Braudel traccia in maniera esemplare come volta per volta nella storia del Mediterraneo abbiano assunto ruolo strategico fenomeni appartenenti ad ambiti di azione differenti (la geostoria, la religione, l'economia, ...), mostrando la sovrapposizione e lo slittamento tra scala e livelli diversi di fenomeni.

Da un punto di vista concettuale e metodologico trovo di grande interesse un libro che si occupa di cambiamento in ambito psicoterapeutico. Gli autori sono Paul Watzlawick, John H. Weakland e Richard Fisch, del *Mental Research Institute* di Palo Alto, e il titolo è *Change. Sulla formazione e la soluzione dei problemi*.[101] Per esporre la prospettiva teorica circa la relazione tra cambiamento e persistenza gli autori utilizzano la **"teoria dei gruppi"** e la **"teoria dei tipi logici"** desunte dal campo della logica matematica. Il lavoro di concettualizzazione teorica è stato costruito a valle di una pratica sperimentale, e distingue i cambiamenti che si verificano all'interno di un sistema che però resta immutato (i cambiamenti che accadono dentro una classe, cioè tra i suoi elementi), e i cambiamenti che cambiano il sistema stesso (che accadono nei passaggi da un livello logico a un altro). Il cambiamento di secondo livello è sempre caratterizzato da una rottura o da un **salto logico**.

Per la storiografia è strategico comprendere a quale livello logico si collochi un cambiamento espresso dal fenomeno indagato, o cogliere a quale livello si collochino similitudini e differenze tra oggetti artistici comparabili.

Un'altra necessità operativa per lo storico è riconoscere le **fasi** con cui scandire un processo, come sezionarlo per meglio osservarlo, come ridurlo a segmenti per lo più omogenei che si susseguono in sequenza ordinata e progressiva. Le fasi, o i "periodi", sono definite da continuità e discontinuità, e dipendono dalla comprensione dei livelli dei cambiamenti utilizzati per creare la **sequenza** e il **ritmo**.

Al cambiamento si associa l'idea di cesura, di inizio, di discontinuità. Alla continuità si associa l'idea di tradizione, di mondo, di "età", di durata. Sia la continuità che il cambiamento hanno una durata, anche se il cambiamento si associa alla repentinità, all'istantaneità. La durata è oggetto di indagine storica e assume qualità diverse (lunga durata, breve durata, accelerazione, ritardo, …) che contribuiscono a connotare i fenomeni.

Alle due forme del procedere che sono la continuità e il cambiamento

---

[101] P. Watzlawick, J. H. Weakland , R. Fisch, *Change. Sulla formazione e la soluzione dei problemi*, Astrolabio, Roma 1974 (New York 1974).

si aggiunge la forma del **ritorno**, che sembra invertire l'incedere del tempo. Mi torna in mente il concetto di percolazione di Serres, da cui l'idea di origine come inversione, **ribaltamento**.

Un tema che declina la forma del ritorno nella storia dell'arte dell'Occidente è il "classicismo", o meglio i classicismi, così come il rinascimento e le rinascenze[102], ma anche tutte le forme di ripresa stilistica definite da parole con il suffisso "ismo" e con il prefisso "neo". L'eclettismo storico ottocentesco è un territorio ricco di tali recuperi e riprese come strumento di revisione del mondo delle forme prodotte dal linguaggio "del vitruvianesimo", per consumare gli ultimi residui e resistenze di quelle forme e liberare lo spazio per l'invenzione di nuovi linguaggi.[103]

Dunque, due tipi di ritorni: nel caso dell'eclettismo storico le riprese sono strumentali all'elaborazione del passato per liberare lo spazio e renderlo disponibile alla novità, per conquistare una nuova verginità; nel caso delle rinascenze il fenomeno ha a che fare con il cambiamento in una forma particolare, ovvero come combinazione del nuovo, la nascita, con l'idea del ritorno a qualcosa che dal passato appare come ancora vitale, come età dell'oro.

Il ritorno condivide sia la condizione di cambiamento che quella di continuità. E per Le Goff:

«*Il controllo di un oggetto che può essere allo stesso tempo vitale, intellettuale e carnale come la storia richiede, mi pare, una combinazione fra continuità e discontinuità. E questo è quello che offre la lunga durata associata alla periodizzazione.*»[104]

E se per lo storico francese è la storia, come oggetto vitale, intellettuale e carnale, il luogo in cui si incontrano continuità e discontinuità, proviamo a esplorare l'idea che nel presente si nasconda un altro luogo di incontro in relazione al tempo.

---

[102] Si veda E. Panofsky, *Rinascimento e rinascenze nell'arte occidentale*, cit.

[103] Sul tema rimando all'ampia disamina fatta da Luciano Patetta nel suo libro *L'architettura dell'Eclettismo. Fonti, teorie, modelli 1750-1900*, Gabriele Mazzotta editore, Milano 1975.

[104] J. Le Goff, *Il tempo continuo della storia*, cit., p.134.

3.4 *Il divenire e il presente*

La genealogia per Nietzsche è caratterizzata dal "senso storico", ovvero sfugge alla metafisica perché si occupa del divenire. Il divenire, che è percepito dal "senso storico", sottrae all'assoluto anche ciò che si crede immortale o generale nell'uomo, non si fonda su alcuna costante, anzi testimonia la **casualità della lotta** e mostra la miriade di eventi aggrovigliati.

Per Foucault il divenire dell'umanità è una **serie d'interpretazioni**.

Dunque, il "senso storico" è espressione del divenire, e la storia dovrebbe occuparsi di questo, sottraendosi alle lusinghe della metafisica; anzi, una storia come genealogia, o come archeologia del sapere, dovrebbe occuparsi di guardare il **divenire del modo di interpretare le cose**.

Dalla prospettiva fenomenologica emerge la temporalità dell'esperienza, e il fatto che l'istante presente dell'esperienza abbia sempre una struttura temporale tripartita, ovvero con un riferimento al passato ed uno al futuro.

Quindi il presente è inscritto esso stesso in una dimensione temporale, in una durata.

Dunque, per la genealogia il divenire si contrappone all'assoluto e per la fenomenologia anche il presente ha una durata.

Ma il presente, il "qui ed ora", ha a che fare con l'assoluto? Pur essendo oggetto di esperienza, pur essendo la modalità di tempo percepita dal nostro cervello destro, il presente sembra tuttavia essere sfuggente alla coscienza, sembra essere sommerso dal continuo oscillare della nostra mente tra il passato e il futuro. Il presente sembra avere una durata che lo sottrae sia al passato che al futuro, e per questo sembra stare in bilico fuori dal tempo.

Può il presente essere una porta tra l'esperienza temporale incarnata e una qualche esperienza dell'assoluto che eccede la nostra dimensione ordinaria, terrestre? E questa domanda ha qualche interesse per la narrazione storica?

Serres, cercando nel *De rerum natura* di Lucrezio, si sofferma sul concetto di *clinamen*, sull'idea di inclinazione come scarto in relazione con l'equilibrio del moto perpetuo che, traslando dalla meccanica dei fluidi all'esistenza, è sinonimo di **divenire** in relazione con l'**assoluto**.[105]

«Qui o là, tempo fa o domani, compaiono stocasticamente degli scarti. O angoli di inclinazione differenziali. Ecco allora qualcosa piuttosto che niente, ecco l'esistenza, ecco delle turbolenze, delle spirali, delle volute, schemi questi, tutti fuori dall'equilibrio. Saranno ricondotti a zero dalla degradazione, dalle rovine, dalla morte. Ciò nonostante, si formano temporaneamente. (…) Ora gli atomi sono lettere, si associano in frasi, e si raggruppano in volumi.»[106]

L'assoluto è l'equilibrio immoto, mentre lo scarto dell'angolo rispetto alla linea orizzontale mette in movimento, produce il divenire, lo scorrimento, il tempo delle cose create, e la storia narra questo tempo del divenire.

Nel tempio greco c'è il tentativo di fare incontrare la dimensione del divenire e quella dell'assoluto, la misura umana con quella divina: le correzioni ottiche (entasi, rastremazione, inclinazione, …) deformano il volume geometrico per adeguarlo ad un volume percepito prospetticamente come perfetto, assoluto, espressione sensibile dell'*apeiron*. Questo paradosso che sovrappone esperienza sensibile (esclusivamente visiva) della realtà fisica e percezione dell'assoluto che è al di là del divenire, al di là del tempo e della storia, avviene attraverso un artificio, un **inganno dei sensi**.

Ancora, abbiamo visto come il progresso della nostra intelligenza, così come le tre parti stratificate del cervello - rettile corticale e limbico -, vada dall'istinto, la nostra radice e la nostra preistoria incarnata, alla ragione che ci proietta lontano attraverso la capacità astrattiva; in mezzo l'emozione è la spinta che ci fa muovere. Affiora l'idea che l'intelligenza emotiva possa avere un ruolo nodale (nel percorso storico della storiografia c'era questa intuizione in Warburg) e che possa essere l'anello connettivo tra il pensare qualcosa e il realizzarla, ovvero tra progettare e fare.

Allora, metto sul tavolo di lavoro alcune cose per tracciare una direzione

---

[105] M. Serres, *Lucrezio e l'origine della fisica*, cit.
[106] M. Serres, *Lucrezio e l'origine della fisica*, cit., p.30.

di ragionamento. Il divenire è il **movimento** insito nella vita e nella percezione storica di noi e del mondo, e questa condizione ci porta in un contesto di **relatività**, dove c'è un punto di vista che è anche il luogo da dove muovere, c'è l'obiettivo che è il luogo da raggiungere, e tra questi due c'è la direzione del movimento. A questa relatività, che è anche molteplicità, **frammentazione**, che è pluralità di durate e di ritmi del tempo, che è il movimento irreversibile dell'entropia, ma anche quello opposto dell'entropia negativa, il passato e il futuro, fa da contraltare l'**unità**, l'assoluto, il modo di percepire del lobo destro del nostro cervello, l'attimo vissuto, il **presente** come tempo di un respiro. A questo si aggiunge la stratificazione del cervello nelle tre intelligenze, e il ruolo propulsivo dell'**emozione** a fare da ponte tra l'istinto e la ragione. Abbiamo tre intelligenze e due lobi collegati dal corpo calloso.

La nostra visione del mondo è duale, il nostro stesso cervello è composto da due emisferi che corrispondono a due approcci alla realtà. Questo dualismo ci porta ad escludere: o unità metafisica o molteplicità delle cose, o assoluto o divenire.

Ma per superare la contrapposizione degli opposti che crea immobilismo occorre un elemento di collegamento, un terzo elemento che metta in movimento i primi due, come tra due persone che discutono e ognuna non si sposta dal proprio punto di vista e solo una terza può includere-mediare e aiutare a spostare dal punto di stallo.

«I due emisferi, che comunicano tra loro attraverso quell'autostrada per il trasferimento dell'informazione che è il corpo calloso, elaborano tipi diversi di informazioni ma, quando sono connessi, cooperano a generare una percezione unitaria del mondo.»[107]

E ancora:

«quando i due emisferi sono collegati fra loro, hanno un funzionamento diverso da quando sono separati chirurgicamente. In condizioni normali essi sono complementari e potenziano a vicenda le proprie capacità, mentre separati

---

[107] J. Bolte Taylor, *La scoperta del giardino della mente*, cit., p.17.

funzionano come due cervelli indipendenti con personalità distinte, un fenomeno chiamato spesso "dottor Jekyl e mister Hyde". (...) Poiché i neuroni delle due metà del cervello sono strettamente collegati fra loro attraverso il corpo calloso, in pratica tutti i comportamenti cognitivi che attuiamo implicano un'attività in entrambi gli emisferi; semplicemente, ognuno di essi la svolge in modo diverso.»[108]

I due lobi, dunque, funzionano come due metà complementari di un intero.

Il ruolo connettivo del corpo calloso ci potrebbe spostare oltre una visione duale della realtà? Superare il dualismo corrisponderebbe a un cambiamento di livello?

Provo a ritornare alla domanda se sono conciliabili il tempo storico umano incarnato del divenire e quello dell'assoluto, del presente. Metto in riga appunti: fenomenologia e il qui ed ora, la raccolta dei dati; genealogia e il divenire, il tempo cronologico, la sequenza; lobo destro e lobo sinistro, la cosa in se e l'interprete. La percezione è sempre in relazione al "mondo", all'esperienza, anche all'esperienza di tempo e spazio, la sequenza storica mette in ordine lineare, solo passato e futuro, non esiste l'ora.

Ma l'ora, il presente, può entrare dalla fessura del tempo, da un interstizio, può prendere forma come avviene con la scoperta, attraverso un **sapere inedito**:

«Come in ogni momento decisivo e condizionale della storia, dobbiamo assumere un sapere inedito, scoprire un insolito il cui cominciamento rimanda la nostra cultura alla sua preistoria; ciò che si deve comprendere ci pone nell'immediata prossimità di arcaismi dimenticati.»[109]

Serres si riferisce a quello che avviene per ogni scoperta scientifica, ma possiamo ampliare il contesto. Infatti, ciò che ci serve è appunto un sapere inedito, ci serve **essere nuovi** al mondo per costruire la nostra **propria prospettiva** e così **contribuire**.

Cogliere il presente, ovvero essere nuovi a questo presente, ristruttura

---

[108] J. Bolte Taylor, *La scoperta del giardino della mente*, cit., p.30.
[109] M. Serres, *Le origini della geometria*, cit., p.29.

il passato, illuminando di una luce nuova la ricerca dell'origine. La mia preistoria a partire dal presente vivo mi si mostra come novità, così come la radice troglodita dei Sassi di Matera viene illuminata dal progetto di futuro[110].

Walter Benjamin, ragionando intorno alla storia, collega l'evento che contiene ancora inespresse le infinite potenzialità con l'immagine della fessura che si apre nel tempo e da cui prorompe l'attimo presente, l'attimo della presenza che interrompe il tempo lineare.[111]

Accedere alla dimensione temporale dell'attimo presente vuole dire anche accedere al dato direttamente, ovvero vuol dire che stare nel "qui ed ora" libera l'esperienza presente dal già conosciuto, dall'interpretazione automatica di quanto accade in ogni istante.

Ci può venire in aiuto l'idea del collegamento? Ci serve connetterci all'idea di **tre forze**, come neuroni protoni ed elettroni, come istinto emozione e ragione? Tra l'avere i piedi per terra o avere la testa fra le nuvole, c'è l'emozione che può farci agire con una visione, che può collegare i bisogni con l'aspirazione. Forse l'allenamento a tenere insieme questi tre piani può fessurare il tempo per fare irrompere il presente.

Dunque, posso intuire il presente come inversione, ribaltamento, esperienza inattuale e spaesante rispetto alle abitudini e alle interpretazioni automatiche e pregiudiziali, come comprensione del dato per coglierne le opportunità, come spazio di libertà da dove ristrutturare il passato e liberare il futuro.

Penso a una **genealogia del presente** per ipotizzare una storiografia operante e alla ricerca di un nesso fisiologico con l'uomo. Tra storia evenemenziale e storia profonda, tra eventi che, per quanto rumorosi, non lasciano segni profondi, e la struttura che riemerge attraverso forme che si rinnovano, potrebbe una genealogia del presente portarci

---

[110] Nel quinto capitolo di questo testo tratterò l'esperienza didattica del Laboratorio di Genealogia dell'Architettura e ritornerò sui Sassi di Matera come oggetto di indagine storica e contesto per il progetto di architettura.

[111] W. Benjamin, *Tesi di filosofia della storia*, in *Angelus Novus. Saggi e frammenti*, Einaudi, Torino 1981 (Frankfurt am Main 1955).

in quel luogo dove il divenire e il presente si incontrano, dove la ristrutturazione del passato può liberare le potenzialità del futuro?

CAPITOLO 4

Storia arte architettura

La storia riguarda il tempo, l'architettura ha a che fare con lo spazio, l'arte ci rimanda all'idea di creazione. Fa da sottofondo nella mia esplorazione di questi territori la questione della didattica che è comunicazione, e che consiste in una relazione significativa con l'altro.[112]

Ho compreso negli anni che nel lavoro che faccio ciò che per me è l'attrattore è la storia, il tempo, i processi di nascita, crescita, sviluppo, evoluzione dei fenomeni. E in questo l'architettura diventa strumentale, un campo di indagine preferenziale per leggere le dinamiche dei fenomeni.

Tuttavia mi chiedo se l'arte non abbia un ruolo specifico, strategico per la storia della nostra specie.

Quando appare l'arte nella genesi umana? Si tratta di un'attività che ha una base biologica-naturale o solo culturale? In che modo produce piacere e/o è utile per la vita?

Nei ragionamenti sull'arte si indaga, ad esempio, su cosa sia la bellezza, e si indaga a volte concentrando l'attenzione sul fronte dello stimolo, a volte sulla percezione di quello e sulla risposta a quello. L'estetica, la storia dell'arte, la letteratura artistica sono i saperi dove indagare su

---

[112] E' per me un riferimento la "Pedagogia per il terzo millennio" di Patrizio Paoletti. Uno dei testi che ne espone gli assunti, i contenuti, le tecniche è: P. Paoletti, *Crescere nell'eccellenza. Una pedagogia per il terzo millennio. Idee e tecniche per il continuo miglioramento*, Armando editore, Roma 2008.

quel particolare ambito di manifestazione degli umani che è l'arte, ma anche le neuroscienze possono costituire oggi una riserva interessante dove attingere elementi di conoscenza utili in relazione all'arte per trovare risposte alle domande poste. Nel capitolo, sbirciando tra gli studi e le scoperte delle neuroscienze che forniscono interessanti dati per la comprensione dell'attività artistica, o che da questa prendono motivo di indagine, come nel caso della neuroestetica, riporto qualche spunto di riflessione circa la relazione tra arte, immaginazione e ambiguità.

Delle arti visive l'architettura è quella che opera in più intima relazione con lo spazio fisico, che lo progetta, che ne progetta la sua fruizione dinamica, e che si confronta con la questione della sua rappresentazione. Della storia dell'architettura mi ha sempre colpito il fatto che comprenda un ambito di ragionamenti in cui si intrecciano la dimensione temporale e quella spaziale. Così, l'architettura mi allena alla questione delle scale dimensionali e dei diversi tipi di spazi. E dalle scale dimensionali degli oggetti passo a indagare le dimensioni dei fenomeni e le relazione tra i fenomeni in funzione delle scale dimensionali spaziali e temporali, e allo stesso tempo la questione delle diverse dimensioni dello spazio.

L'arte come "mimesi naturalistica" è strategia di conoscenza del mondo e rappresentazione di questo. Ma con il passaggio all'età contemporanea, ovvero all'arte come "poetiche", dove scompare la natura come referente e il codice linguistico unico si frantuma nei molti singolari codici espressivi, è possibile insegnare l'arte? Tra approccio scientifico e finalità dell'arte affiora la questione della pedagogia dell'arte, e nel Novecento costituisce un caso stimolante e ancora ricco di spunti di riflessione l'esperienza storica della Bauhaus, con l'insegnamento di Wassily Kandinsky e di Paul Klee.

In ultimo, l'apparire dell'arte nella storia degli umani e il tentativo di comprendere il ruolo che questa attività svolge nella vita della nostra specie ci aprono a scenari in cui emerge la domanda se esista una relazione tra la misura del tempo storico e quella del tempo biologico.

4.1 *Arte, immaginazione e ambiguità*

Le neuroscienze utilizzano i loro strumenti per cercare risposte a domande che un tempo erano di pertinenza di molti differenti ambiti disciplinari. Il campo di indagine relativo alla vista è quello più avanzato per numero di ricerche ed esperimenti realizzati nello studio del cervello, ed è stato coniato il termine "neuroestetica" per definire l'ambito di indagine sull'attività cerebrale in relazione alla creatività e al giudizio estetico.

L'arte appare con l'*homo sapiens*, ovvero con l'apparire di nuove funzioni collegate a mutazioni adattative del cervello, ed è un comportamento che si è manifestato in tutte le culture, tanto da poter ipotizzare che si tratti di un comportamento biologico universale e che la sua funzione possa essere quella di costituire uno strumento di **vantaggio evolutivo**. In questa direzione le neuroscienze ipotizzano che l'arte sia un *modus operandi* per "sapere cose" sul mondo, e che la bellezza, così come è definita dal piacere estetico, sia una funzione della capacità dinamica di elaborare le informazioni.[113]

All'arte si lega la capacità immaginativa che è una funzione umana a cui è dedicato un sistema specializzato, e appare nei bambini intorno al diciottesimo mese di vita, in relazione con la comprensione dell'esistenza di altre menti ("teoria della mente"). Inoltre, nasciamo con un cervello che è dotato di sistemi di funzionamento, gli *hardware*, in cui vanno caricati i *software* disponibili nell'ambiente, e più ne carichiamo più connessioni interne vengono forgiate. Pertanto, secondo Michael Gazzaniga:

> «*potremmo avere motivazioni estetiche che si sono evolute per fare da sistema guida per spingerci a cercare, individuare ed esperire diversi aspetti del mondo: questo aiuterà i nostri adattamenti a raggiungere il loro massimo sviluppo.*»[114]

Dunque, il piacere estetico sarebbe funzionale all'**apprendimento**. Siamo capaci di immaginazione e finzione grazie al **sistema di**

---

[113] M. S. Gazzaniga, *Human*, cit.
[114] M. S. Gazzaniga, *Human*, cit., pp. 277-278.

disaccoppiamento, un meccanismo unicamente umano che ci fa separare la finzione dalle realtà; e immaginazione e finzione vengono usati dall'arte come forma di apprendimento, migliorando la capacità di categorizzare, aumentando le capacità predittive, accrescendo la capacità di generalizzazione, ovvero la capacità di trasferire conoscenze acquisite da un contesto ad un altro.

E' stato osservato, attraverso esperimenti scientifici, che abbiamo naturalmente una reazione positiva all'ordine piuttosto che al caos, all'organizzazione piuttosto che alla confusione, e che abbiamo naturalmente preferenze per la simmetria, per le linee curve piuttosto che per gli angoli, per le verticali e le orizzontali piuttosto che per le linee oblique, per il contrasto piuttosto che per lo sfumato. Inoltre, ci attraggono i paesaggi naturali, e in particolare la presenza di acqua e vegetazione. Nei frattali il valore di densità pari a 1,3 è quello che preferiamo. Sembra, dunque, che abbiamo una base comune biologica che uniforma le nostre risposte di gradimento di fronte a determinati stimoli visivi. Il nostro cervello si è evoluto per elaborare in maniera veloce i dati ed esprimere le preferenze: quando siamo in grado di analizzare un contesto velocemente, abbiamo una sensazione positiva. In questo senso il gradimento per alcune forme visive rispetto ad altre può essere la preferenza per la similitudine temperata da differenze, e il giudizio estetico può essere dovuto alla fluidità con cui ha luogo la scelta, insieme alla sensazione positiva dovuta alla velocità della scelta. Il cervello non analizza le informazioni serialmente, ma con una **computazione parallela e gerarchica**: una data area elabora tutti i dati, e quella successiva li analizza nuovamente ma ad un livello più alto. Diverse aree funzionali colgono diversi contenuti visivi e non contemporaneamente: vediamo prima il colore, poi il movimento e poi la forma, vediamo l'espressione del viso prima di riconoscerne l'identità. Inoltre, un sito di percezione è anche un sito di elaborazione. Così la coscienza è fatta di molte microcoscienze ed è distribuita nello spazio (le diverse aree cerebrali) e nel tempo (la sequenza nell'attività delle diverse aree).

Il neuroscienziato Semi Zeki nella sua ricerca sulla visione ha focalizzato l'attenzione sull'ambiguità come caratteristica essenziale del valore artistico ed estetico.[115] Il cervello è interessato alle proprietà invarianti per la **legge della costanza**, invece l'ambiguità lascia la scelta aperta su più interpretazioni. Di fronte alle figure bistabili il nostro cervello vede alternativamente le due soluzioni senza poter scegliere una dominante, così come nell'arte l'apparire di più significati che possono essere colti contemporaneamente pone la mente in una **sospensione del giudizio**. Così l'arte allenerebbe la mente nella capacità di vedere soluzioni molteplici, un'abilità fondamentale per l'acquisizione della conoscenza ed una fondamentale competenza evolutiva. L'attività artistica, dunque, sfruttando una potenzialità del cervello, moltiplica le aree di influenza della percezione. E ciò che risulta piacevole non è l'ambiguità in se, ma la capacità di fare esperienze molteplici.

Se da un lato, per la legge della costanza per cui cerchiamo le proprietà invarianti, ci gratifica la conferma del conosciuto e la stabilità di una soluzione univoca, dall'altro lato ci gratifica la capacità di vedere più possibilità come ampliamento della visione delle cose. Il processo della conoscenza e dell'apprendimento è proprio l'andirivieni dall'una all'altra posizione, dalla provvisoria stasi delle certezze all'incertezza di nuove prospettive, in una danza ininterrotta.

L'arte, dunque, è lo spazio sperimentale della competenza dell'immaginazione, che ci allena alla **predizione** e alla **categorizzazione**, e dell'esercizio che deriva dall'ambiguità, che allena a **vedere più soluzioni contemporaneamente**. E il motore stesso dell'evoluzione risiede nella **variabilità**.

L'**ambiguità**, il **paradosso**, il **"doppio legame"** sono anche un terreno di indagine del gruppo di ricercatori del *Mental Research Institute* di Palo Alto, fondato nel 1958 da Donald D. Jackson. La loro ricerca segna l'avvio di una nuova prospettiva nello studio della comunicazione umana e dei meccanismi interattivi, definendo una nuova concezione della malattia psichica e della psicoterapia che consiste in un'analisi che scopre procedimenti pragmatici (comportamentali) quali l'induzione di "doppi legami", l'invio di messaggi paradossali, la "prescrizione del

---

[115] S. Zeki, *Con gli occhi del cervello. Immagini, luci, colori*, Di Renzo, Roma 2011 (2008).

sintomo".[116]

Negli anni Sessanta del Novecento Arthur Koestler ipotizzava che la creazione artistica, insieme alla scoperta scientifica e allo *humour* fossero il risultato di un processo mentale di "biassociazione":

«*Una delle idee principali sostenute in questo libro è che la vita organica, in tutte le sue manifestazioni, dalla morfogenesi al pensiero simbolico, è governata da 'regole del gioco' che le danno coerenza, ordine, unità-nella-varietà: e che queste regole (o funzioni nel senso matematico), siano esse innate o acquisite, si presentano in forme codificate a vari livelli, dai cromosomi alla struttura del sistema nervoso (che è responsabile del pensiero simbolico) (…). Le regole sono fisse, ma ci sono infinite variazioni per ogni gioco, e la loro variabilità aumenta in ordine ascendente (…). Esiste anche una regola globale che dice che nessuna regola è assolutamente finale; che in certe circostanze le regole possono essere cambiate e combinate in un gioco più raffinato che fornisce una forma più elevata di unità e tuttavia ne accresce la varietà; è ciò che definiamo il potenziale creativo del soggetto.*»[117]

Tra creatività e gioco, si intravede il complesso terreno di indagine sulle relazioni tra regole e variazioni, tra unità e varietà, così come troviamo la questione dei livelli, ovvero delle scale, dei mondi e delle relazioni tra essi.

E se l'ambiguità ci allena a vedere più soluzioni contemporaneamente, anche il paradosso ci allena alla sospensione del giudizio e all'ampliamento della cornice entro cui organizzare i dati e a considerare più livelli contemporaneamente.

Ad esempio, é un paradosso anche il concetto di "sprezzatura", definito da Baldassar Castiglione nel suo *Il libro del Cortegiano*.[118] Con

---

[116] P. Watzlawick, J. H. Beavin e D. D. Jackson , *Pragmatica della comunicazione umana. Studio dei modelli interattivi delle patologie e dei paradossi*, Astrolabio, Roma 1971 (New York 1967). Questo testo contiene i frutti dei primi lavori del *Mental Research Institute* di Palo Alto.

[117] A. Koestler, *L'atto della creazione*, Astrolabio, Toma 1975 (New York 1964), p.631; ho tratto la citazione dal libro P. Watzlawick, J. H. Beavin e D. D. Jackson , *Pragmatica della comunicazione umana*, cit., pp.242-243.

[118] Baldassar Castiglione inizia a scrivere *Il libro del Cortegiano* il 1513 e

"sprezzatura", infatti, si intende un grande sforzo, frutto di un prolungato e costante allenamento, e dunque di una **disciplina**, che però appare prodotto in assenza di sforzo. Come esempio, Raffaello Sanzio è maestro di sprezzatura, nella sua arte così come nella vita.

Così l'arte sembra essere in relazione alla disciplina, la creatività all'allenamento prolungato e costante.

Dunque, l'attività umana relativa all'arte avrebbe come scopo l'allenamento a forme complesse di apprendimento. Il gioco, il paradosso, l'ambiguità sarebbero componenti essenziali per allenare la creatività. E dunque, la creatività si può apprendere? Si può allenare alla creatività attraverso la disciplina?

4.2 *Architettura, spazio, scale*

L'architettura si confronta, agisce, progetta lo spazio fisico, ne progetta la fruizione, l'attraversamento e la percezione, ne mette in scena la rappresentazione. Il progetto consapevole di un'architettura presuppone il controllo dell'effetto sensoriale che produrrà sul fruitore, sul corpo che la abiterà, l'attraverserà, la guarderà, si misurerà con essa. Occorre una precisazione: il nostro rapporto con il mondo (sia esterno che interno) passa tutto attraverso il corpo, ovvero attraverso i sensi, e la nostra esperienza di vita sulla terra è limitata nello spazio (il corpo) e nel tempo (la durata di una vita umana). Queste premesse semplici mi servono per stabilire la posizione da cui lanciare ogni ragionamento e ogni esplorazione della realtà. Fare storiografia dell'architettura apre alla questione della conoscenza della percezione sensoriale, alla ricerca dei modi con cui il progetto di uno spazio mette in opera il **progetto dell'esperienza sensoriale**. Dunque, c'è da chiedersi se i modi dell'esperienza sensoriale siano dati in natura, ovvero siano sovrastorici, oppure se siano anch'essi condizionati dalla cultura, o in

---

continuerà fino al 1528 quando, a Venezia, il testo viene pubblicato per la prima volta. Il libro avrà moltissime edizioni e sarà tradotto in molte lingue già a partire dal Cinquecento. Tra le edizioni attuali: B. Castiglione, *Il libro del Cortegiano*, Garzanti, Milano 2000.

che misura attengano a ognuna delle due componenti.

E, dettagliando, per comprendere l'intenzionalità del progetto occorre comprendere quali effetti quell'opera vuole produrre attraverso la luce, attraverso il movimento del fruitore nello spazio (i percorsi, le direzioni, le attrazioni, l'esterno e l'interno, …), attraverso il movimento organico del corpo (chinare o alzare il capo, voltarsi, piegarsi, salire e scendere, …), attraverso il movimento proprio dello spazio (le figure stabili e quelle in movimento, le forme centripete o centrifughe, mono o pluricentriche, …), attraverso le dimensioni dello spazio e il rapporto con le dimensioni del corpo. Una componente essenziale dell'architettura è, dunque, la questione dimensionale, la misura, le proporzioni, i rapporti di scala.

Allo stesso modo è componente essenziale della narrazione storica il tempo, anch'esso misura, dimensione, rapporti di scala tra diverse misure di tempi. Dunque, nella storia dell'architettura si intrecciano la dimensione temporale e quella spaziale.

Esiste una relazione tra la dimensione temporale e spaziale dei fenomeni e i loro significati? Per chi si occupa di storiografia si tratta di una domanda cruciale. Comprendere le scale di azione dei fenomeni è, in realtà, un'abilità cruciale non solo per gli storici, per cui vale lo sforzo di osservare i fenomeni con un'attenzione a riconoscerne le dimensioni e le relazioni con gli altri fenomeni in funzione delle scale dimensionali spaziali e temporali su cui agiscono.

Pongo agli studenti che frequentano i miei corsi la questione dell'interpretazione dei fenomeni storici lungo un asse che ha ai due estremi opposti la **regola** e il **caos**. Con una qualche semplificazione potremmo vedere in trasparenza le visioni del mondo e della realtà di ogni epoca storica, ovvero l'episteme di una società, o la visione di un personaggio storico o quella contenuta in un'opera, come la posizione occupata su quell'asse. Cosa in un'epoca è considerato sottoposto al principio di regolarità (ovvero prevedibilità) e cosa è percepito sottostare alla casualità: tutto questo definisce la lente con cui si interpreta la realtà e la si costruisce. Ci sono dei fenomeni che alla mia portata, cioè alla scala con cui riesco a vederli, mi appaiono ricorsivi secondo sequenze definibili, e fenomeni di cui non riesco a vedere nessun ordine e che, pertanto, mi appaiono casuali o incomprensibili.

La mia condizione ordinaria è condizionata entro una scala, una misura. Ma talvolta attraversano il mio campo visivo tracce di fenomeni di un ordine di grandezza maggiore rispetto a quello che io posso vedere dalla mia posizione, e che pertanto mi possono sembrare casuali, e certamente non ordinati né governabili da una mia qualche volontà.

Ancora, **soggetto/oggetto** costituiscono una coppia di base su cui articolare ragionamenti e per costruire strumenti di navigazione utili alla didattica. Emerge la questione della **relatività**: oggettivo e soggettivo si connotano a seconda del sistema di riferimento, della scala che fa da contesto. Ovvero, c'è una misura entro cui un fenomeno mi appare oggettivo o soggettivo, regolare o caotico, finito o infinito, percepito come unità o come molteplicità-differenza.

Alla coppia di soggettivo/oggettivo, aggiungo la coppia di unità/ divisione, declinata anche come **unità/molteplicità**, oltre alle coppie di regolare/irregolare, ordine/disordine, canone/codice.

In termini fenomenologici l'esperienza non è mai un processo isolato o elementare ed è sempre in riferimento al "mondo", come ambiente fisico, sociale, culturale, e la percezione non è mai semplice raccolta di dati, ma interpretazione contestuale, plasmata dall'esperienza.

La "storia effettiva" mostra questo, la genealogia è uno strumento di indagine che evidenzia questa nostra percezione parziale applicata alla realtà storica. A seconda di dove colloco l'inizio, pongo l'ordine di grandezza del fenomeno osservato nel suo tempo di manifestazione. Il bisogno di trovare l'inizio, l'origine o il punto di ribaltamento accompagna la nostra storia: dove inizia l'architettura, quali elementi originari o fondanti, quale origine ha il linguaggio classico dell'architettura, come viene fondata una città?

Ora, affondando lungo questa linea di ragionamento, posso dire che i passaggi di scala sono spesso anche il passaggio da un livello (logico, di complessità, di capacità di comprensione e/o contenimento) a quello successivo, e inoltre che la conquista di un nuovo livello di complessità si accompagna spesso con una **riduzione** sul piano della rappresentazione.

Flatlandia[119] è una storia narrata da un abitante di un mondo a due

---

[119] Edwin Abbott, reverendo nella Londra vittoriana, è autore del piccolo

dimensioni, ovvero piatto come un foglio di carta, dove il protagonista, un Quadrato, si trova in sogno trasferito in un mondo unidimensionale, Linealandia, dove tutti gli abitanti sono o linee o punti che si muovono avanti e indietro sulla stessa linea retta. A nulla valgono gli sforzi del Quadrato di spiegare agli abitanti di Linealandia che esiste la seconda dimensione e che lui è «il completamento del vostro essere incompleto» poiché «voi siete una Linea, ma io sono una Linea di Linee». Allo stesso modo il Quadrato intuisce la possibilità di un mondo a tre dimensioni con cui riesce a spiegarsi fenomeni incomprensibili se letti alla scala del suo mondo piatto. L'autore del racconto, anticipando in pieno Ottocento alcuni sviluppi della moderna fisica teorica, descrive la relatività della realtà, da cui prendere la possibilità di tenersi desti nella consapevolezza di usare verità relative, sapendo di stare dentro mondi che ne contengono altri e che sono contenuti da altri ma di cui ordinariamente non abbiamo percezione, se non a volte qualche episodico sentore.[120]

Per la storiografia questa sollecitazione è un invito ad allenare lo sguardo a cercare le scale dei fenomeni e la relatività contestuale dei significati.

In ogni attività, e particolarmente nel lavoro di ricerca in tutti i campi, ci dobbiamo costantemente confrontare con la gerarchia dei livelli logici dei fenomeni che osserviamo al fine della loro comprensione. Il passaggio da un livello ad un altro comporta un salto, una rottura, un cambiamento profondo. Possiamo affrontare in questi termini la comprensione delle cesure epistemologiche e le differenze tra blocchi di continuità relativa quali sono le epoche storiche (ad esempio per

---

libro dal titolo *Flatland, a Romance in Many Dimensions*, edito in italiano col titolo *Flatlandia, racconto fantastico a più dimensioni*, Adelphi, Milano 1966 (London 1884). Vi dedica un paragrafo Paul Watzlawick nel suo *La realtà della realtà. Comunicazione- Disinformazione- Confusione*, Atrolabio Roma 1976 (Random House 1976).

[120] Per spiegare questa idea Fritjof Capra usa un'efficace rappresentazione del *tao* come unità dinamica degli opposti polari attraverso l'immagine di un piano che seziona un anello: F. Capra, *Il tao della fisica*, Adelphi, Milano 2005 (New York 1975).

l'Occidente: il mondo antico, quello medievale, il mondo moderno, l'età contemporanea). Molti lavori di Panofsky cercano di definire, con grandi quadri di insieme attraversati da un tema, i passaggi epistemologici e i relativi cambi strutturali nella visione del mondo: ad esempio attraverso i temi della rappresentazione dello spazio o dell'antropometria. Dai suoi saggi emerge l'osservazione che, spesso, per cogliere una sintesi superiore sia necessario rinunciare a qualcosa. Ad esempio, la conquista di uno spazio unitario (tra lo spazio degli oggetti e quello che li contiene), che mancava nel mondo antico, avviene nelle rappresentazioni medievali attraverso una rinuncia. Infatti, l'immagine medievale si riduce alla dimensione bidimensionale, piatta, schiacciata sulla superficie, meno verosimile rispetto alle figure prospettiche delle rappresentazioni antiche, di cui però il medioevo conserva, con la figura scorciata, una memoria epidermica, senza mantenerne la struttura organizzativa. Così la rappresentazione prospettica rinascimentale semplifica la visione fisiologica, che è bioculare in movimento e angolare, per ridurla ad una strumentale che è monoculare fissa lineare, per passare dalla prospettiva medievale a spina di pesce fatta di piani paralleli tra cui c'è il nulla, a quella "razionale" in cui lo spazio diventa unitario omogeneo misurabile e infinito.[121]

Potremmo vedere, allo stesso modo, come gli Impressionisti, aspirando a una più intima unità tra oggetto e spazio che lo contiene, attuino una riduzione molecolare della realtà visiva, che diventa il campo di infiniti impulsi luminosi tradotti in *pixel* colorati, attingendo alla fisiologia della percezione visiva come impressione prodotta dalla luce/colore. Per fare questo riducono l'immagine alla bidimensionalità della superficie pittorica e rinunciano al volume. Paul Cézanne, a partire dagli Impressionisti, ma volendone superare la riduzione a superficie, cerca, sempre con il solo colore, di recuperare la profondità e lo spessore della realtà spaziale e il contorno delle cose, ovvero la loro individuazione. Potremmo sintetizzare, anzi potremmo spostarci su un livello più alto che contiene tali differenze, leggendo il movimento di quei cambiamenti come una danza tra la tensione verso l'**unità**

---

[121] E. Panofsky, *La prospettiva come forma simbolica*, cit.

dell'insieme da un lato (lo spazio unitario) e verso l'**individuazione** dall'altro lato (il confine tra i corpi), una danza in cui dialogano le due condizioni, che sono anche necessità e aspirazione dell'uomo, e che sono contenute nei due lobi del suo cervello.

Potremmo esplorare la storia dell'arte alla ricerca dei salti di scala (dimensioni dei contesti) come salti logici e/o di visione, e allo stesso tempo osservare come anche il processo dell'apprendimento avviene per salti, per cui mi impegno a stimolare gli studenti a insistere, a restare sul pezzo anche quando sembra loro di aver esaurito il compito, per poter improvvisamente, con un salto di scala, accedere a nuove comprensioni, anzi ad un'intera nuova gamma di comprensioni, e così intuire che questo processo è potenzialmente infinito.

Infatti, l'apprendimento prevede che, insieme all'acquisizione delle conoscenze e dell'abilità relativa, si impari ad imparare. Quest'ultimo è un tipo di apprendimento di livello più elevato, definito da Gregory Bateson con il termine "deutero-apprendimento".

Ad esempio, nella pratica del mio lavoro, costruire **mappe cognitive** per la didattica e per la ricerca diventa un esercizio per osservare i contesti passando da una loro rappresentazione lineare (unidimensionale) ad una spaziale (bidimensionale). In questi anni ho introdotto nell'insegnamento l'uso di mappe mentali, come mappe di navigazione per facilitare gli studenti nella collocazione storica di vicende, autori, opere in un ampio panorama cronologico fatto di cicli di vita di civiltà, o per il riconoscimento di domande cruciali nello svolgimento di fili rossi lungo la storia, o per comprendere il senso specifico o le relazioni profonde tra fenomeni diversi. Il repertorio di mappe da utilizzare al fine dello studio, ma efficaci anche per fare ricerca, è diventata una strumentazione che si arricchisce continuamente dei risultati della sperimentazione sul campo, ovvero in aula, con i dottorandi, nel mio lavoro di ricerca storica.[122]

---

[122] Nell'anno accademico 2012-13 sono stata responsabile scientifico della Borsa di Studio in *Mappe relazionali, percorsi di conoscenza e documentazione nei siti UNESCO*, borsa vinta da Vincenzo Corrado che ha realizzato una ricerca con applicazione al sito materano.

Del resto la mappa mentale come strumento di supporto alla memoria, alla comprensione, all'invenzione/scoperta/costruzione, all'insegnamento, non è una trovata recente: gli espedienti della retorica antica, la mnemotecnica, gli **alberi genealogici** sono altrettante rappresentazioni in forma spaziale di percorsi logici per gestire la complessità. Anche qui incontriamo la genealogia, nella forma di alberi, nella struttura figurata dell'organizzazione di un discorso o dell'intero sapere della civiltà occidentale, evidenziandone le radici come espressione di parti fondanti, il tronco per le parti costitutive strutturanti, i rami e le fronde per evidenziare discendenze, derivazioni, relazioni, raggruppamenti. Proprio la forma albero è utilizzata da Michel Authier e Pierre Lévy per i loro **"alberi di conoscenze"**, un sistema che funziona attraverso un *software* per l'educazione e la gestione dinamica delle competenze in una comunità.[123]

Dalle mappe mentali mi viene la sollecitazione a studiare il modo di rappresentare il tempo di un luogo. In questa direzione di indagine mi è utile approfondire che, oltre alla questione delle diverse dimensioni dello spazio, vi è la questione dei diversi tipi di spazio: topologico, prospettico, geometrico, etc.. Dunque, che spazio usare per rappresentare il tempo? Si tratta di una domanda carica di sollecitazioni per la ricerca storica, per la didattica, per la comunicazione efficace di fenomeni complessi e per la costruzione di modelli interattivi di apprendimento. [124]

Ancora, circa i livelli, torno alla questione del senso, del significato, ma in termini esistenziali, dove l'esistenza è una funzione della relazione tra l'organismo e il suo ambiente. Mi colpisce l'analisi fatta da Paul Watzlawick, Janet Helmick Beavin e Don D. Jackson che scrivono:

---

[123] M. Authier, P. Levy, *Gli alberi di conoscenze. Educazione e gestione dinamica delle competenze*, Feltrinelli, Milano 2000 (Paris 1992).

[124] Sto lavorando a questo tema, e un primo esercizio di scrittura ha come titolo *Cartografia del tempo di una città senza tempo: i Sassi di Matera*, con cui ho partecipato al *I Seminario internacional di Arquitecturas-Imaginadas: Rapresentacao grafica arquitectonica e outras-imagens*, *"Desenho (…) Citade"*, svolsi a Lisbona ad aprile 2014. Gli atti del seminario sono in corso di pubblicazione.

«*L'uomo ha una capacità quasi incredibile di adattarsi ai cambiamenti al secondo livello, e tutti potranno confermare di avere avuto occasione di osservare la resistenza umana alla sofferenza nelle circostanze più atroci. Ma pare che tale resistenza sia possibile soltanto finché restano intatte le premesse di terzo ordine sulla sua esistenza e il significato del mondo in cui vive.*»[125]

Dunque, l'uomo non può sopravvivere psicologicamente in un universo che gli sembra senza senso, ovvero un universo che le sue premesse di terzo ordine non riescono a spiegare. Tuttavia:

«*Non c'è alcuna ragione di postulare che l'esperienza che l'uomo ha della realtà sia limitata a tre livelli di astrazione. Almeno in teoria questi livelli sorgono uno sopra l'altro in una catena infinitamente regredente. Quindi se l'uomo vuole cambiare le sue premesse di terzo ordine, il che ci sembra una funzione essenziale della psicoterapia, egli può farlo soltanto da un livello quarto. Ma dubitiamo che la mente umana possa essere in grado di affrontare livelli di astrazione più elevati senza l'aiuto del simbolismo matematico o dei calcolatori. Ci sembra significativo che al livello quarto non si possa avere che barlumi di intelligenza e che l'articolazione diventi estremamente difficile se non impossibile.*»[126]

Il **livello quarto** sembra essere ai limiti della mente umana, ma è anche la zona dove si verifica il cambiamento terapeutico, ovvero la **guarigione**. Cosa può significare questo per la nostra indagine? Il paradosso ultimo dell'esistenza umana è che l'uomo è sia soggetto che oggetto della sua indagine, e la sua mente può essere considerata simile a un sistema formalizzato, ma allo stesso tempo «la ricerca che l'uomo compie per capire il significato della sua esistenza è un tentativo di formalizzazione».[127] E nella ricerca per dare risposte

---

[125] P. Watzlawick, J. H. Beavin e D. D. Jackson , *Pragmatica della comunicazione umana*, cit., p. 251.

[126] P. Watzlawick, J. H. Beavin e D. D. Jackson , *Pragmatica della comunicazione umana*, cit., p. 253.

[127] P. Watzlawick, J. H. Beavin e D. D. Jackson , *Pragmatica della comunicazione umana*, cit., p. 256.

al senso ultimo della nostra esistenza, arriviamo a scoprire che «la soluzione dell'enigma della vita nello spazio e nel tempo si trova al di fuori dello spazio e del tempo».[128]

Dunque, nella storiografia, possiamo intendere i cambiamenti epistemologici come cambiamenti di livello terzo. Ma, che relazione ci sarebbe tra tali cambiamenti e il livello superiore che li genererebbe?

4.3 *L'arte, lo spirituale, la pedagogia*

La fenomenologia tenta la mappatura di territori che portano a incontrare per via filosofica la questione sfuggente della definizione di coscienza: è un territorio di indagine sulla cui soglia conviene esitare, spostando magari il *focus* sulla conoscenza, a iniziare dalla **conoscenza di me**, di come funziono, di come mi posso utilizzare. Di qui l'attenzione alle questioni metodologiche, nella storiografia e nella didattica della storia dell'architettura; e di qui la convinzione dell'importanza della didattica e della responsabilità del ruolo di insegnante.

Quanto allo specifico ambito dell'arte, questa si può insegnare? Esiste un linguaggio dell'arte che sia universale, comunicabile e oggettivo?

In un momento storico in cui era avvenuto il passaggio dall'arte come mimesi naturalistica all'arte come poetiche, secondo la convincente spiegazione di Argan, artisti come Kandinsky e Klee, coinvolti nell'interessante esperienza didattica della scuola Bauhaus, sperimentano e teorizzano la possibilità di insegnare l'arte.

Mentre l'idea di arte come mimesi naturalistica rapporta l'arte alla natura, dove la creazione umana riproduce le regole del creato, le poetiche inaugurano un rapporto autoreferenziale, dove salta il rapporto con la natura e l'arte si ripiega su se stessa e in relazione con la propria storia, e dove il linguaggio si frantuma in innumerevoli e specifiche poetiche. In questo contesto e in controtendenza, Kandinsky cerca la struttura delle immagini visive e le regole universali che rendono

---

[128] E' una frase di Wittgenstein citata da P. Watzlawick, J. H. Beavin e D. D. Jackson , a chiusura del loro libro *Pragmatica della comunicazione umana*, cit., p. 258.

possibile una percezione oggettiva dei loro significati.[129] E prima di definire l'articolato sistema di analisi degli elementi pittorici, stabilisce la relazione tra l'arte e lo spirituale[130] nel tentativo di invocare un'arte nuova, annunciandone l'aurora. Per lui l'arte spirituale che sta per manifestarsi è il segno di un'età nuova, l'età dello spirito, al risveglio da un lungo periodo di materialismo. In realtà il vero soggetto del suo libro è la spiritualità, e si interessa all'arte solo perché questa è espressione dello spirito:

«La vita spirituale, di cui l'arte è una componente fondamentale, è un movimento ascendente e progressivo, tanto complesso quanto chiaro e preciso. E' il movimento della conoscenza.»[131]

Analizzando il linguaggio della visione Kandinsky vuole definire una grammatica delle forme e dei colori per comprenderne i significati. Il senso, ovvero il **"suono interiore"** dei segni e dei colori, è comunicabile in funzione del grado di purezza di chi emette e di chi riceve il messaggio. Dunque, se la vita spirituale è il movimento della conoscenza, la conoscenza è conoscenza di sé e allenamento a distinguere i rumori (dell'epoca, della soggettività individuale) per arrivare a sentire il suono interiore.

Le basi di questa ricerca linguistica, che si svilupperà nella Bauhaus come didattica dell'arte, sposta in profondità le questioni della comunicazione e dell'insegnamento. Su questa lunghezza d'onda gli "schizzi pedagogici" di Klee[132], amico e collega di Kandinsky alla scuola Bauhaus, sembrano osservare la natura per cercarne gli schemi, e il suo insegnamento ha il carattere di "una **pratica**".

Circa l'arte in relazione all'apprendimento, mi domando se e come

---

[129] W. Kandinsky, *Punto linea superficie*, Adelphi, Milano 2008 (Munken 1925).
[130] W. Kandinsky, *Lo spirituale nell'arte*, SE, Milano 2005 (Munken 1912).
[131] W. Kandinsky, *Lo spirituale nell'arte*, cit., pp. 20-21.
[132] P. Klee, *Quaderno di schizzi pedagogici*, (a cura di M. Lupano), Abscondita, Milano 2002, (Munken 1925).

l'arte e la storia dell'arte possano svolgere un ruolo specifico e forse strategico ai fini di un insegnamento orientato all'**apprendimento continuo**, all'**apprendere ad apprendere**, e al **sapere congiunto con il saper fare**. In questa ottica sono interessanti il dibattito e la sperimentazione avviate nella scuola secondaria di primo e secondo livello in Italia e in Europa. L'attenzione verte sulle strategie più efficaci per raggiungere questi nuovi obiettivi formativi, a cui si intreccia l'idea di formare **"competenze di cittadinanza"**. Si tratta di un ricco e necessario terreno di confronto per la didattica universitaria in generale, e per l'insegnamento dell'arte nello specifico. Ad esempio, anche nella didattica della storia dell'arte la nuova tendenza orienta a sostituire le sequenze cronologiche classiche e le biografie con una organizzazione degli argomenti per temi trasversali, in prima istanza più efficaci a sollecitare collegamenti molteplici tra i fenomeni e a facilitare contatti con il vissuto degli allievi, perché le discipline studiate possano divenire materia viva su cui costruire competenze critiche, competenze pratiche, competenze sociali. Fermo restando che questo approccio ha reali vantaggi in questa direzione, mi chiedo tuttavia se non possa essere utile integrarlo con strumenti tradizionali ma opportunamente rivisti. Mi chiedo, ad esempio, se non possano essere strumentalmente riabilitate alcune genealogie dell'arte, come quella vasariana improntata all'idea di **eccellenza** e alla definizione di **modelli**, o recuperate in una prospettiva rinnovata le vite degli artisti. Ad esempio, le biografie di alcuni artisti possono essere utilizzate per scoprire possibili maestri di vita, modelli a tendere, e per trovare, con la comprensione dei loro caratteri umani e delle loro strategie di apprendimento, strumenti e procedure di azione in cui esercitarsi. Ad esempio, Leonardo da Vinci esprime la curiosità inesauribile per ogni cosa e la capacità di traslare, e Raffaello Sanzio è maestro di "sprezzatura".

Su Leonardo gli interessanti studi di Fritjof Capra[133] scoprono,

---

[133] Il fisico Fritjof Capra si è occupato di Leonardo in diversi suoi libri tra cui: *La botanica di Leonardo: un discorso sulla scienza della qualità*, Sansepolcro 2008; *La scienza universale: arte e natura nel genio di Leonardo*, Milano 2007 (New York 2007); *L'anima di Leonardo: un genio alla ricerca del segreto della vita*, Milano

attraverso la sua vita e la sua personalità, una scienza come disciplina delle forme organiche, radicalmente diversa da quella meccanicista emersa duecento anni dopo di lui, e anticipatrice di un approccio della scienza contemporanea. La teoria della percezione e della conoscenza contenuta nella sperimentazione di Leonardo, così come la sua scienza degli schemi e delle qualità sono straordinariamente attuali per indagare la complessità del reale e rispondono all'esigenza di connettere ogni cosa per meglio comprendere il nostro mondo attuale. Così la sintesi tra arte e scienza in Leonardo può essere un utile riferimento per le nuove prospettive del nostro tempo.

Attraverso il concetto di **"sprezzatura"** di Baldassar Castiglione la **biografia** umana e artistica di Raffaello può essere letta sia per comprendere alcuni aspetti dell'Umanesimo, entrando nel vivo di un'esperienza umana e di un carattere, sia per comprendere l'idea di eccellenza e di **abilità disciplinata** che rende possibile realizzare il massimo di artificio con il massimo di naturalezza, ovvero raggiungere risultati di grande precisione, per cui occorre grandissima abilità, come se fossero prodotti senza alcuno sforzo.

Quanto alle cronologie delle epoche e dei fenomeni storici, la didattica per temi rischia di indebolire la capacità di collocare i fenomeni lungo una sequenza temporale. Allo scopo di rafforzare tale comprensione, per nulla irrilevante ai fini delle competenze critiche e relazionali, ho sperimentato con gli studenti attribuendo loro il compito della costruzione grafica della **"linea del tempo"** per l'arco cronologico e l'ambito geografico trattati nel corso di Storia dell'Architettura che da molti anni tengo al primo anno di Architettura. Il tema della rappresentazione del tempo ha per me un grande fascino ed è un terreno di indagine e sperimentazione su cui ci sono molti interessanti esempi con cui confrontarsi.[134]

Nella didattica, negli anni, ho cercato di capire come utilizzarmi e

2012.

[134] A questo riguardo è una ricca e affascinante raccolta di materiali il libro di Daniel Rosenberg e Anthony Grafton, *Cartographies of Time. A History of the Timeline*, Princeton Architectural Press, New York 2010.

come rendere efficace il mio ruolo e la materia che insegno. Così ho compreso, passo dopo passo, di poter usare la storia dell'architettura come un campo di manifestazione della capacità evolutiva della specie umana, come traccia delle idee-visioni che spingono in avanti, che producono cambiamento. Rintraccio nel fiume della storia le opere e le vicende architettoniche che si offrono come emblematiche di un passaggio epocale o che si collocano su un incrocio/scambio, o quelle che incarnano un'idea che allarga la visione corrente nel proprio contesto, opere e autori che manifestano eccellenza per il miglioramento dell'insieme e capacità di anticipazione. Utilizzo la storia dell'architettura come una **genealogia evolutiva** da cui poter attingere una sequenza entro la quale collocarci, posizionarci, ovvero prendendo posizione e dunque responsabilità. I materiali di studio che propongo agli studenti sono selezionati con questo criterio e la bibliografia relativa è scelta in relazione al metodo.

Quanto al metodo, fornisco agli studenti strumenti per comprendere che ci sono diversi approcci, e che ogni storiografia contiene una scelta metodologica, e dunque una visione e un orientamento, e che anche io ne propongo una ogni volta che narro una vicenda architettonica. Propongo agli studenti anche un lavoro sul metodo storiografico eterotopico (un esercizio sulla chiesa di S. Francesco della Vigna a Venezia con la realizzazione di una mappa cognitiva che visualizza eventi e flussi della vicenda)[135] per far prendere consapevolezza che, scegliendo un approccio, scegliamo le lenti con cui guardare la realtà, e in tal modo contribuiamo a determinare la nostra realtà e la realtà del nostro tempo.

Torno ancora una volta alla questione dei livelli logici e ai salti dall'uno all'altro. Per i ricercatori di Palo Alto:

«il livello quarto sembra assai vicino ai limiti della mente umana e a questo livello è raro che la consapevolezza sia presente, ammesso che si tratti di consapevolezza.

---

[135] Per l'esercizio viene utilizzata la costruzione storiografica proposta nel testo di Antonio Foscari e Manfredo Tafuri, *L'armonia e i conflitti. La chiesa di San Francesco della Vigna nella Venezia del '500*, Einaudi, Torino 1983.

Ci sembra che questa sia la zona dell'intuizione e dell'empatia (…) e - certamente - è la zona dove si verifica il cambiamento terapeutico, cambiamento di cui, dopo una terapia riuscita, non si è in grado di dire come e perché è avvenuto e in che cosa consiste veramente. Non è possibile dirlo perché la psicoterapia si occupa delle premesse di terzo ordine e dei cambiamenti che si possono operare a tale livello.»[136]

Cosa c'entra la psicoterapia con la storiografia? Cosa c'entra con lo spirituale, con l'arte, con l'apprendimento? Cosa c'entra la scrittura della storia con la guarigione?
Le domande cruciali su di noi, sul mondo, sul nostro tempo si impastano con i nostri prodotti, i nostri artefatti, con i modi con cui segniamo i luoghi del nostro passaggio. Sembra che al livello quarto avvengano cose significative per noi, per il senso che diamo all'esistenza, qualcosa che ha a che fare con la guarigione, e che forse ha a che fare con lo spirituale:

«Ma cambiare le premesse di terzo ordine, diventare consapevoli della modellazione delle sequenze del proprio comportamento e di quello dell'ambiente, è possibile soltanto da una posizione che offra dei vantaggi, cioè dal livello successivo più elevato, il quarto. Soltanto da questo livello si può vedere che la realtà non è qualcosa di oggettivo, inalterabile, "là fuori", che ha per la nostra sopravvivenza un significato benevolo o sinistro, ma che la realtà è costituita dall'esperienza soggettiva che ci facciamo dell'esistenza, dalle nostre intenzioni e dai nostri scopi — la realtà è il nostro modellare qualcosa che probabilmente l'uomo non è in grado di sottoporre a nessuna verifica oggettiva.»[137]

4.4 *Arte, storia e tempi biologici*

La preferenza innata per il paesaggio naturale e per i suoni della natura sembra rimandare al nostro *habitat* ancestrale, una sorta di memoria

---

[136] P. Watzlawick, J. H. Beavin e D. D. Jackson , *Pragmatica della comunicazione umana*, cit., pp. 253-254.

[137] P. Watzlawick, J. H. Beavin e D. D. Jackson , *Pragmatica della comunicazione umana*, cit., p. 254.

atavica impressa nei nostri geni. Ma se guardiamo alla genealogia della specie scopriamo che il cervello di noi moderni è quello dell'*homo sapiens*, e che l'ultima più recente transizione di fase nel nostro "diventare umani" è stata quella. Ci spiega Gazzaniga:

«*E' stato calcolato che una variante genetica della microcefalina è comparsa circa 37.000 anni fa coincidendo così con l'emergere della cultura dell'uomo moderno e che la sua incidenza è aumentata troppo rapidamente per essere giustificata facendo riferimento a una deriva genetica casuale o a migrazioni di popolazioni. Queste scoperte suggeriscono che tale gene ha subito una selezione positiva. Una variante dell'ASPM (gene associato alla microcefalia dovuta ad anormalità nella struttura fusiforme) comparve circa 5.800 anni fa, contemporaneamente alla diffusione dell'agricoltura, alle città e alle prime testimonianze di un linguaggio scritto. Anch'esso sembra avere un'incidenza tanto elevata da giustificare un'ipotesi di selezione positiva.*»[138]

Alcuni dei geni che codificano il nostro cervello sembrano essere cambiati in momenti chiave della nostra evoluzione. Con quelle mutazioni il nostro **cervello** si è **lateralizzato** e ha normalizzato nuove capacità. Con il passaggio a *homo sapiens* avviene l'esplosione dell'attività creativa ed estetica. Dunque, l'arte si lega a nuove funzioni del cervello acquisite con la transizione a *homo sapiens*.

Da molti studi di archeologia preistorica emerge oggi l'ipotesi che la **"speciazione"**, ovvero i processi evolutivi della specie umana che lungo la linea degli ominidi si specializza nell'*homo sapiens*, sia frutto della combinazione interattiva di cambiamenti genetici e dell'allenamento delle nuove competenze e abilità (tra cui la capacità linguistica). Inoltre, vi è lo **"sviluppo tettonico"**, ovvero prodotto dalla cultura e non per via genetica, con una accelerazione nell'evoluzione culturale dopo la rivoluzione agricola e sedentaria nelle varie parti del mondo. A questo punto, dopo la fase della speciazione, l'innovazione e la trasmissione culturale sono diventati i meccanismi dominanti. Anche per la preistoria una nuova attenzione viene oggi posta al mondo delle idee che diventa il luogo dove cercare il senso dei comportamenti e

---

[138] M. Gazzaniga, *Human*, cit, p.17.

delle forme materiali e le caratteristiche di ogni tendenza evolutiva. L'archeologia della mente è una recente disciplina che guarda al passato più remoto, alla ricerca della nascita di percorsi evolutivi, ponendo l'attenzione proprio ai fatti cognitivi.[139]

Dunque, noi siamo anatomicamente ancora *homo sapiens*, abbiamo il suo stesso cervello, e con quello abbiamo esplorato le nostre capacità e il mondo in cui viviamo, trasformandolo lungo un divenire della storia che ci sembra estesa nel tempo e articolata, ma che confrontata con i tempi delle mutazioni genetiche e dell'evoluzione della specie dura solo un attimo. In questo tempo storico, brevissimo rispetto a quello biologico[140], abbiamo raggiunto il limite della crescita compatibile con la misura della terra, e forse siamo giunti dinanzi a una **soglia** che potrebbe diventare, ma non automaticamente, una transizione di fase, forse un nuovo passaggio ad un altro livello nella genesi evolutiva. Questa prospettiva sarebbe del tutto nuova per la nostra memoria storica, e non abbiamo riferimenti per cambiamenti di questa scala se non i salti precedenti (37.000 e 5.800 anni fa). In questa luce comprendo meglio le parole di Braudel circa i nostri furori preistorici di cui ancora siamo intrisi, e il passaggio segnato dalla nascita dell'agricoltura e dell'allevamento di cui ci parla Serres, e sento meraviglia di fronte alla portata di quella rivoluzione, paragonabile alla grandezza titanica dell'imparare a parlare e a camminare nella storia di ogni individuo della nostra specie.

Qualcuno definisce questo salto evolutivo, confrontabile solo con quello avvenuto nel Neolitico, con il termine di **rivoluzione "noolitica"** [141], dove la pietra del sapere è il silicio di cui sono fatti i microprocessori dei computer [142]. Serres parla di una *"hominescence"* che

---

[139] Per una incursione nella recente disciplina dell'archeologia preistorica rimando al libro di Colin Renfrew, *Preistoria. L'alba della mente umana*, Einaudi, Torino 2011 (London 2007).

[140] E. Tiezzi, *Tempi storici tempi biologici. Vent'anni dopo*, Donzelli, Roma 2001.

[141] M. Authier, P. Levy, *Gli alberi di conoscenze*, cit.

[142] Oggi la ricerca, in funzione di una sempre maggiore miniaturizzazione, sta avanzando con la sperimentazione dell'uso del carbonio per la

segna una nuova emergenza dell'umano, e immagina che, una volta che il nostro "apparecchio cognitivo" sia stato liberato dall'avvento della rete mondiale telematica come nuova enciclopedia, «resta all'ego il potere sovrano di ritirarsi dal gioco», e la novità per me è che «io sono il mio distacco».[143]

E per Patrizio Paoletti l'apprendimento come grande *chance* per il miglioramento della vita personale vuol dire imparare a migliorare se stessi tutti i giorni con un fine unico e collettivo, che è giungere a una più profonda **felicità**:

> «*La felicità è ciò che ci rende capaci di interagire con il mondo che ci circonda in maniera più sostenibile, perché se siamo felici, siamo più attenti a ciò con cui interagiamo. Quindi la felicità diventa nel mondo d'oggi vera e propria necessità. Quello che ieri era un obiettivo spirituale per alcuni, oggi si trasforma in un obiettivo sociale.*»[144]

Dunque, la sfida evolutiva ci vede alle prese con il nostro ego, con gli attaccamenti, con le paure, e la sfida sta proprio nella possibilità di separarci da questi lavorando a costruire la felicità e a godere di essa, ovvero attraverso la conoscenza delle emozioni.

Siamo dentro un salto evolutivo, e su questa soglia la memoria storica diventa scarna, va calibrata la lente per cercare riferimenti utili, e mi chiedo se abbiamo da giocare tra le carte a nostra disposizione le capacità che sono in relazione con la **bellezza**.

Avevo una domanda: oggi l'arte può avere un ruolo strategico per il cambiamento in corso? Il filo del discorso mi ha portato lontano, a intravedere una soglia che mi toglie il fiato e che allo stesso tempo mi inebria, sentendo la meraviglia di ciò che ancora non riesco nemmeno a immaginare ma che è una speranza, un desiderio, una possibilità per

---

realizzazione di nanotubi, che probabilmente sostituirà il silicio.

[143] M. Serres, *Hominescence*, Paris 2001; M. Serres, *L'uomo contemporaneo, Lectio Magistralis*, in Università degli Studi di Urbino – Facoltà di Sociologia, *Conferimento della laurea* honoris causa *in Sociologia a Michel Serres*, Urbino 2001.

[144] P. Paoletti, *21 minuti. I saperi dell'eccellenza. Le idee salveranno l'Europa*, Edizioni 3 P, Bastia Umbra-Pg 2011, p. 18.

cui vale la pena provarci, usando tutto ciò che abbiamo di utilizzabile, forse anche l'attrazione per la bellezza.

CAPITOLO 5

Un'esperienza didattica: il Laboratorio di Genealogia dell'Architettura

Nel 2008, con l'apertura della Facoltà di Architettura a Matera, è partito il Laboratorio didattico di Genealogia dell'Architettura, al primo anno di corso. A compimento del primo quinquennio di sperimentazione ne racconto ciò che ho compreso operando sia come coordinatrice del Laboratorio, sia come docente del modulo di Storia dell'Architettura al suo interno.

Il Laboratorio di Genealogia è il primo di una sequenza di laboratori che costituiscono la spina dorsale del corso di laurea in Architettura a Matera, e che lo caratterizzano.

La struttura didattica del corso di laurea è stata pensata con al centro i laboratori progettuali, non diversamente da altri corsi di laurea in Architettura in Italia, ma con alcune caratteristiche che ne fanno una sperimentazione audace e sensibile per rinnovare il sistema formativo utilizzando le condizioni odierne come opportunità.

Tali laboratori didattici sono luoghi formativi caratterizzati dalla modalità interattiva ed esperienziale, e dall'integrazione di più saperi. Finalizzato al progetto attraverso una preminenza di crediti formativi dedicati alle discipline della Composizione e Progettazione Architettonica come materia caratterizzante, tuttavia, come novità, il laboratorio, per ogni anno progressivo del corso di laurea, viene guidato da un'altra disciplina: al primo anno la Storia, al secondo la Rappresentazione, al terzo la stessa Composizione, al quarto la Tecnica delle Costruzioni, mentre al quinto una rosa di discipline definiscono l'offerta curriculare per la scelta del percorso conclusivo di tesi di laurea. Si tratta di un'idea affascinante per le potenzialità didattiche e formative che contiene, e coraggiosa per diversi motivi che abbiamo avuto modo di scoprire e verificare durante la sperimentazione sul campo.

Il Laboratorio di Genealogia è composto dall'integrazione delle seguenti discipline: Composizione Architettonica (nei primi due anni del primo quinquennio è stata Teoria e Tecnica della Progettazione Architettonica), Disegno dell'Architettura, Urbanistica, Storia dell'Architettura (a cui si è poi aggiunto un modulo di Storia dell'Arte Medievale, poi sostituito da Storia della Città Medievale).[145]

Nel primo quinquennio il tema d'anno per il Laboratorio di Genealogia è stato il progetto di una casa per tre studenti nei Sassi di Matera, un tema che coinvolge gli stessi studenti anche come ideali committenti del progetto, e che li porta subito a confrontarsi con un contesto delicato quale sono i Sassi, sito UNESCO dal 1993, carico di segni e di significati stratificati. Al tema d'anno è stato aggiunto, nel primo triennio di sperimentazione, il sottotema "il cubo e il lamione" come ulteriore sollecitazione per l'elaborazione del progetto.

In questo capitolo illustro, collocandole in relazione all'evoluzione della ricerca sul tema della genealogia e della didattica laboratoriale della storia, le esperienze realizzate nell'ambito del Laboratorio di Genealogia. Per esperienze intendo esercizi e attività in aula, attività svolte nell'ambito di visite di studio e sopralluoghi, attività associate a seminari tematici, in ogni caso attività interattive che vedono coinvolti gli studenti come protagonisti dell'esperienza. Nel capitolo si rimanda alle schede di lavoro che contengono le specifiche di procedura delle esperienze didattiche svolte nel laboratorio, come strumenti operativi.

---

[145] Nel quinquennio 2008-2013 hanno svolto attività di docenza nel Laboratorio di Genealogia: Ina Macaione e Ettore Vadini per il settore Icar/14, io e Raffaella Maddaluno per Icar/18, Ennio Concina e Mauro Fontana per L Art/01, Maria Valeria Mininni e Annamaria Gagliardi per Icar/21, Antonio Conte, Maria Onorina Panza e Marianna Calia per Icar/17; hanno svolto attività di tutoraggio: Egidio Buonamassa, Marianna Calia, Patrizia Capriotti, Giuseppe Colonna, Vincenzo Corrado, Vito Fortini, Annamaria Gagliardi, Raffaella Maddaluno, Antonella Musci, Maria Onorina Panza, Azzurra Pelle, Sara Valente.

Le esperienze illustrate in questo capitolo sono solo quelle progettate nell'ambito del modulo di Storia dell'Architettura, in alcuni casi in collaborazione con altre discipline, e che sono state realizzate nell'arco del primo quinquennio del laboratorio, ma non tutte in ogni singolo anno.

Ho anche definito/usato alcune triadi o quadriadi, come serie di elementi o parole che sinteticamente costituiscono una griglia entro cui organizzare la complessità. Si tratta di uno strumento di lavoro che utilizzo nella didattica, e non solo, perché ha l'efficacia di facilitare il processo mentale di organizzazione dei dati, e allo stesso tempo potenzia la scoperta di nuove relazioni, funzionando anche da sostegno alla memoria. Nel laboratorio ho utilizzato le seguenti griglie di cui illustrerò nel capitolo il senso e l'uso strumentale che ne ho fatto: abitare/architettura/luogo; forma/funzionamento/essenza; uomo/terra/cielo; terrapieno/tetto/recinto/focolare (gli elementi dell'architettura per Goffrid Semper) che rimandano a terra/acqua/aria/fuoco.

Il termine "genealogia" nel titolo del laboratorio didattico denota la volontà di inscrivere questa esperienza formativa entro la cornice filosofica a cui il termine stesso allude, introducendo temi e concetti pertinenti, ma anche l'intenzione di utilizzare metodi e strategie di indagine e di elaborazione dei dati che ne costituiscono l'armamentario operativo. Oltre a tutto questo, che investe il cosa osservare e il come osservare relativamente all'oggetto di indagine, utilizzo l'approccio della genealogia del presente per orientare la relazione educativa, per introdurre il terzo elemento all'interno del processo di apprendimento: come mi relaziono con l'altro. La relazione è l'ambito nel quale può avvenire un passaggio di scala, può succedere che si allarghi la cornice entro cui guardiamo le cose, riuscendo a contenerne un numero maggiore, dove possono iniziare a dialogare cose eterogenee, che nella cornice minore ci sembravano inconciliabili, e punti di vista divergenti. Dividere l'attenzione tra sguardo interno e sguardo esterno è fondamentale per costruire una relazione educativa/formativa significativa[146], e mi riporta all'idea di genealogia del presente, alle competenze dei due lobi del cervello, all'educazione a far coesistere la dimensione del divenire con quella dell'assoluto, a cercare nelle più alte opere dell'umanità la ricerca di questo punto di equilibrio.

5.1 *Laboratorio ed esperienza*

Coordinare il Laboratorio didattico di Genealogia dell'Architettura mi ha posto dinanzi al problema di come fare didattica della storia nella forma laboratoriale, e di come utilizzare le migliori abilità dello storico per guidare l'integrazione di conoscenze per il progetto architettonico. Le prime questioni, dunque, sono relative ai modi e agli strumenti del lavoro dello storico da utilizzare per gli obiettivi formativi del Laboratorio di Genealogia, e a come fare didattica della storia in forma di laboratorio, ma riguardano anche il rapporto tra la storia e il progetto e come la storia può coordinare l'integrazione dei saperi finalizzati al progetto.

Marc Bloch, distinguendo tra **"esperimento"** ed **"esperienza"**, riconosce al primo di essere privilegio esclusivo delle scienze della natura, che infatti possono riprodurre un determinato fenomeno in laboratorio, mentre lo storico può solo accontentarsi dell'esperienza che la realtà gli offre e da cui può al più trarre per analogia preziose indicazioni sul fenomeno da lui studiato. Carlo Ginzburg chiarisce il senso di questo nella prefazione all'edizione italiana de *I re taumaturghi* di Bloch, dicendo che l'idea di quel libro matura a seguito dell'esperienza

---

[146] Il riferimento è, ancora una volta, alla "Pedagogia per il terzo millennio" di Patrizio Paoletti. Sull'argomento: P. Paoletti, *Crescere nell'eccellenza*, cit.; la collana "Quaderni di Pedagogia per il terzo millennio" pubblicata da Edizioni 3P, che contiene quattro volumi a firma di Paoletti e Antonella Selvaggio, *Osservazione* del 2011, *Mediazione* del 2011, *Traslazione* del 2012, *Normalizzazione* del 2013; per la Infinito edizioni, Castel Gandolfo (Roma) la trilogia firmata da Paoletti, *Quando imparare è facile. Amare, vivere, crescere oggi* del 2007, *Alla scoperta delle emozioni. Gli occhi di un adolescente incontrano il mondo* del 2009, *La vita nelle tue mani* del 2010.

diretta della prima guerra mondiale:

«la guerra, la vita di trincea costituirono per il Bloch, per l'appunto, una specie di gigantesca esperienza, sbalzandolo in un ambiente inconsueto, per certi versi artificiale, alle prese con problemi anacronistici, simili a quelli che avrebbe poi cercato di ricostruire in sede storiografica nei Rois thaumaturges»[147].

Quell'esperienza della guerra «aveva ricostituito dinanzi ai suoi occhi una società quasi medievale, e una mentalità corrispondente».[148]
Sulla stessa questione Fernand Braudel scrive:

«Per esperienza intendo la possibilità, in ordine a un dato problema sociale, di riunire una serie di documentazioni su casi analoghi, presenti e passati. Questo modo di procedere ci permette di scomporre il problema nei suoi singoli elementi e di osservarne le variazioni, sempre in relazione all'ambiente (…). Per sperimentazione vorrei si potesse intendere l'esperienza esercitata sull'attualità, in vivo».[149]

Braudel affronta una parte della questione che ho posto in relazione al metodo, e sostiene che, come nelle scienze esatte, il **metodo scompositivo e comparativo** è disponibile anche per la storia.
Ma, ancora più interessante, sia Bloch che Braudel, ponendosi la questione della sperimentazione e mettendo a confronto l'ambito del lavoro dello storico con quello degli scienziati, sentono l'utilità dell'esperienza che, coinvolgendo la prima persona, può rendere sensibili lo storico a leggere le strutture nascoste di altre epoche. Si tratta dell'**esperienza come** *choc*, che resetta il modo con cui vediamo la realtà e ci dispone a cogliere ciò che per noi non è abituale.
Vedere senza il filtro dell'abitudine vuole dire inibire i soliti automatici meccanismi di addomesticazione di ciò che è diverso e nuovo, o di

---

[147] C. Ginsburg, prefazione a M. Bloch, *I re taumaturghi . Studi sul carattere sovrannaturale attribuito alla potenza dei re particolarmente in Francia e in Inghilterra*, Einaudi, Torino 1973 (Strasbourg-Paris_1924), pp.XV-XVI.
[148] C. Ginsburg, prefazione a M. Bloch, *I re taumaturghi*, cit., p.XVI.
[149] F. Braudel, *Storia misura del mondo*, cit., p.55.

ciò che è lontano dalla nostra realtà quotidiana e dalla nostra epoca. Dunque, l'esperienza come *choc* può funzionare come chiave di accesso a questa novità. E come possiamo esercitarci a fare di ogni esperienza la realizzazione di questa condizione che ci rende nuovi come un terreno vergine? Possiamo allenare questa abilità?

Anche se un laboratorio scientifico - con cui i due storici francesi pongono il confronto - in parte è differente da un laboratorio didattico, tuttavia mi sembra nodale la questione dell'esperienza per immaginare il Laboratorio di Genealogia dell'Architettura e per esplorare le potenzialità della storiografia a lavorare con essa.

Cosa vuol dire ridurre la distanza tra la storia e l'esperienza vissuta, ovvero la distanza tra me e la storia di una società, di un luogo, di una civiltà?

Sul piano del fare c'è l'esempio di alcune esperienze di ricerca e di didattica nella scuola.

Anche in Italia sta emergendo un interessante dibattito che vuole stimolare il rinnovamento della didattica della storia nella scuola dell'obbligo, e ci sono alcune interessanti esperienze che rendono viva la disciplina storica legando la comprensione del passato a percorsi esperienziali.[150] Queste sperimentazioni esplorano la possibilità di comprendere e di apprendere ad apprendere utilizzando il fare, nella direzione indicata dall'Autonomia Scolastica[151]. Tra le proposte didattiche c'è il Laboratorio e la Didattica Operativa; e a queste nuove pratiche si può collegare, per l'insegnamento della storia, della storia

---

[150] Si veda la produzione di testi come quello di Antonio Brusa, *Piccole storie 1. Giochi e racconti di preistoria per la primaria e la scuola dell'infanzia*, La Meridiana, Molfetta 2012.

[151] Con l'attuazione del sistema dell'Autonomia Scolastica viene sancita la piena autonomia organizzativa e didattica delle scuole, e lo Stato non governa più centralisticamente il sistema, come avveniva precedentemente con i Programmi Ministeriali, ma svolge un ruolo di garanzia e di equità fissando gli obiettivi generali, gli standard di valutazione e i meccanismi di controllo dell'efficienza e dell'efficacia. A. Porcarelli, *Indicazioni Nazionali*, in "Voci della Scuola", Tecnodid, Napoli, 2004.

dell'arte e della storia dei luoghi, l'Archeologia Sperimentale[152], e la ricca attività progettuale dell'associazione *Historia ludens*[153], mentre nella didattica museale ci sono esperienze di percorsi interattivi, l'uso di modalità partecipative e laboratoriali, e pratiche come lo *storytelling*. Per un'altra strada, collegare l'oggetto di indagine al vissuto individuale fa accedere al piano emozionale, attraverso cui è possibile comprendere con maggiore profondità. Ho già annotato in questo libro l'indicazione di Aby Warburg a leggere le civiltà attraverso il piano emozionale, utilizzando per il suo *Atlante della memoria* le tre funzioni dell'**intelligenza noetica**: il ricordo, la sensibilità e l'immaginazione.[154] In questa direzione ho messo a punto e sperimentato alcune strategie. Ad esempio, nella didattica della Storia dell'Architettura utilizzo la sollecitazione a immaginare di entrare nei contesti storici indagati,

---

[152] L'Archeologia Sperimentale è una disciplina storica che tenta di verificare, attraverso la realizzazione pratica di manufatti, le tecniche costruttive e di fabbricazione antiche, le caratteristiche dei manufatti e degli edifici prodotti, l'organizzazione del lavoro e l'organizzazione sociale necessarie per arrivare a quei risultati. L'obiettivo è la ricostruzione e la verifica dell'insieme di conoscenze che si ricavano durante il lavoro di ricerca. L'Archeologia Sperimentale ha uno scopo di ricerca scientifica, tuttavia la possibilità di rapportarsi alla pratica con le tecnologie antiche risulta di grande valore didattico, permettendo di avvicinare il grande pubblico e di fare interessare i bambini e gli adolescenti.

[153] *Historia ludens* è un'associazione che si occupa di didattica della storia, fondata a Bari nel 1995 da docenti e laureati in Didattica della Storia e in discipline storiche. Con il suo sito www.historialundens.it si propone di mettere in rete professori, studenti e ricercatori per discutere di didattica, per scambiare informazioni, materiali ed esperienze, per condividere soluzioni didattiche e analisi sull'insegnamento della storia. Sul sito si possono trovare informazioni dettagliate e resoconti di esperienze didattiche che puntano all'apprendere la storia attraverso l'esperienza pratica e il fare, realizzate con classi scolastiche e gruppi di bambini e di adolescenti.

[154] Si rimanda al libro di Kurt W. Forster e Katia Mazzucco (a cura di M. Centanni), *Introduzione ad Aby Warburg e all'Atlante della Memoria*, Mondadori, Milano 2002.

attraverso l'esperienza emotiva veicolata dalla visione di alcuni film di finzione di ambientazione storica, filologicamente corretti ed efficaci a rendere l'episteme dell'epoca oggetto di studio.[155] Si tratta di facilitare una comprensione noetica dell'episteme di un'epoca, che corrisponde a una struttura profonda e a un livello sottile, che si manifesta attraverso gli atti e le posture quotidiane di una società, e che non è di facile accesso per la comprensione da parte di persone che vivono immerse in un differente contesto epistemologico. L'uso didattico del film di finzione e del film documentario, oltre a facilitare l'accesso a un mondo epistemologico lontano dal nostro, costituisce una strategia di attivazione emotiva che potenzia il piano cognitivo. Oltre all'uso didattico, è un campo da esplorare anche l'uso dei film per la ricerca e la costruzione storiografica.[156]

Ancora, ho provato a costruire procedure e strumenti per potenziare lo sguardo di chi osserva un luogo come fenomeno storico, utilizzando il potere della **traslazione**[157], ovvero come traduzione da un mondo ad

---

[155] Nel corso di Storia dell'Architettura (al primo anno di Architettura, anno in cui si colloca anche il Laboratorio di Genealogia) ho inserito nel programma la visione di alcuni film di ambientazione storica che introducono al contesto di vita rinascimentale (la trilogia *L'età di Cosimo de' Medici* di Roberto Rossellini, *Il mestiere delle armi* di Carlo Olmi). Come gruppo di docenti, dottori di ricerca e dottorandi di Storia dell'Architettura e dell'Arte (Roberto Maffione, Riccardo De Martino, Francesco Maggiore, Vincenzo Corrado, Antonella Musci, Mauro Fontana) stiamo avviando nel nostro Dipartimento la realizzazione di una cineteca di Arte, Architettura e Storia ad uso della didattica e della ricerca e di un progetto di rassegne cinematografiche relative allo stesso ambito di interesse.

[156] Braudel, tra i primi a comprendere la funzione del film nell'analisi storiografica, creò all'*Ecole Pratique des Hautes Etudes* (*VI section*) una *Direction d'Etudes* intitolata "Cinema e Storia". Il volume di F. Braudel, *Una lezione di storia. Chateauvallon Giornate Fernand Braudel 18,19,20 ottobre 1985*, Einaudi, Torino 1988 (Paris 1986), con cui sono pubblicati gli atti del convegno, contiene anche le relazioni dei responsabili dei laboratori pomeridiani, di cui uno era dedicato al cinema.

[157] P. Paoletti, A. Selvaggio, *Traslazione*, cit.

un'altro, ad esempio da me come individuo sociale storico vivente, al luogo che voglio indagare come fenomeno storico culturale vivente.[158] Dunque, esperienza e potenziamento dello strumento cognitivo per la comprensione dei fenomeni storici, ma anche esperienza e visualizzazione dei paradigmi con cui interpreto la realtà.

Come posso allenarmi a neutralizzare l'azione automatica dei miei paradigmi, ovvero come faccio a renderli a me evidenti? In che modo avere coscienza dei paradigmi mi è utile per progettare? Come posso utilizzare l'esperienza a questo fine? Mi serve l'esperienza o la memoria dell'esperienza? Posso recuperare quella memoria? Poiché i contesti di significazione con cui viene interpretata la realtà sono stratificati a diverse scale storiche (episteme di una civiltà, contesto socio culturale di un periodo in un luogo, credenze e modelli mentali del gruppo di appartenenza, convinzioni e abitudini di un clan) come posso esplorare tutti questi strati interpretativi attraverso cui leggo i fenomeni?

Le **memorie dei cinque sensi** possono conservare le tracce della formazione iniziale di un'idea? Possono ad esempio conservare l'origine della mia idea di "casa"? Come posso diventare consapevole della mia idea di "casa", leggendone la stratificazione di abitudini, convinzioni, credenze impresse in me dai mondi affettivi e culturali in cui mi sono formata?

Nella sperimentazione didattica nel Laboratorio di Genealogia ho provato a costruire alcune esperienze finalizzate all'obiettivo di vedere i paradigmi, i modelli mentali, le convinzioni e i condizionamenti, le abitudini con cui ognuno interpreta la realtà, e che in ognuno operano nelle azioni e nelle scelte, e quindi anche nell'azione progettuale richiesta dal percorso didattico del laboratorio.

Ad esempio, per vedere le lenti con cui interpreto la realtà in funzione del tema dell'abitare, ovvero quale è l'idea di casa che mi abita e che

---

[158] Abbiamo utilizzato lo stratagemma della traslazione anche per progettare i simposi/laboratori per il Piano di Gestione del sito UNESCO dei Sassi di Matera. Le mappe prodotte sono pubblicate nel libro: A. Colonna, D. Fiore, *Idee per un laboratorio partecipato*, in Comune di Matera, *Matera: i Sassi e il Parco delle chiese rupestri. Verso il piano di Gestione del sito UNESCO*, Matera 2012.

è collegata alle mie più arcaiche memorie, mi serve recuperare quelle memorie collegate alle mie più antiche esperienze dello spazio, del luogo domestico, della casa. Per collegarmi a quelle, come in uno scandaglio psicogenealogico[159], provo a utilizzare la memoria dei cinque sensi che, essendo i recettori dell'esperienza, ci forniscono i dati con cui il nostro cervello costruisce la realtà. Penso a *La ricerca del tempo perduto* di Proust e alla sua scoperta del meccanico riaffiorare dal passato di un'esperienza grazie all'attivazione di una memoria sensoriale, il profumo della *madeleine*, che fa da trascinamento dell'intero momento vissuto, e provo a giocare con questa possibilità. Ad ogni studente è stato chiesto di contattare la propria memoria sensoriale più antica della "domesticità", ovvero del "sentirsi a casa", e di catturarla/comunicarla attraverso cinque oggetti capaci di "mettere in mostra" quella memoria dei cinque sensi. **(ESPERIENZA 1: I Cinque sensi e le mie più antiche memorie di "casa")** Con l'esposizione di questi oggetti, che vanno fruiti ognuno con uno dei cinque sensi, ogni studente può scoprire diversi livelli di condivisione della propria esperienza con quella degli altri, da un livello zero perché corrispondente ad un'esperienza individuale unica non condivisibile, a quella condivisa a scala familiare, o generazionale, o geografica, o altro ancora. L'obiettivo è facilitare gli studenti nella scoperta che ogni idea e convinzione ha una sua genesi storica radicata nelle nostre esperienze, e che condizionano le nostre azioni e i nostri progetti in maniera spesso a noi non palese, e che le memorie più antiche sono anche le più radicate e quelle meno evidenti a se stessi.

---

[159] Utilizzo in modo strumentale e giocoso le sollecitazioni che provengono da alcune forme di indagine terapeutica quali la **psicogenealogia,** che affronta i "legami affettivi invisibili" che uniscono un individuo ai propri avi sospingendolo a fare della propria vita l'incarnazione di un mito transgenerazionale, o la "psicomagia" di Alejandro Jodorowsky, una "terapia panica" fatta di atti dettati dalla voce dell'inconscio e tradotti in poesia surreale. A. Jodorowsky, *Psicomagia. Una terapia panica*, Feltrinelli, Torino 2006 (Alejandro Jodorowsky 1995); C. Jodorowsky, *Il collare della tigre. Autobiografia psicomagica di uno sciamano occidentale*, Adriano Salani editore, Milano 2008 (Cristobal Jodorowsky 2007).

Tra la soggettività estrema dell'esperienza individuale e unica e l'esperienza comune a tutti gli esseri umani come specie sul pianeta Terra c'è una vasta gamma di gradazioni in ordine all'appartenenza dell'individuo ad una famiglia, ad un clan, ad una comunità, ad una società, ad una civiltà. A questi diversi **gradi di appartenenza** corrispondono altrettanti insiemi di idee condivise in forma di modelli mentali, espliciti o impliciti, che funzionano come archetipi. Nel Laboratorio didattico di Genealogia dell'Architettura l'esercizio proposto opera anche nella direzione della scoperta degli archetipi che ogni studente veicola sull'abitare, cercando di definirne il contesto da cui provengono (la famiglia, la generazione, la società, la civiltà, etc.). Il lavoro continua con l'esplorazione degli archetipi definiti come elementi originari dell'architettura, ad esempio i quattro elementi di Semper. E, ancora, è possibile guardare l'architettura in riferimento ai tre contesti (o scale o mondi) che sono l'uomo, la terra, il cielo. Su ognuno di questi aspetti viene proposto un esercizio, come vedremo in seguito.

Con lo stesso obietivo abbiamo proposto al gruppo aula un altro esercizio, coordinato con il docente di Disegno dell'Architettura, relativo allo spazio e alle sue rappresentazioni come espressione di paradigmi. (**ESPERIENZA 2: Il cubo prospettico**) Fare esperienza di disegno dal vero di uno spazio interno come scatola prospettica, con un approccio intuitivo, ha creato il *parterre* su cui poggiare la teoria tratta da Panofsky[160] circa la valenza simbolica dello strumentario tecnico di rappresentazione dello spazio, con un *excursus* di immagini tratte dalla storia dell'arte pittorica occidentale dall'antichità greca all'età moderna. Questa sequenza di passi ha creato le condizioni, ovvero una accresciuta sensibilità e acutezza, per esplorare, in una condivisione guidata del gruppo aula, le differenze e le vicinanze tra due rappresentazioni dello stesso periodo storico ma di due aree culturali europee differenti: il tema di "S. Girolamo nello studio" nel

---

[160] E. Panofsky, *La prospettiva come forma simbolica*, cit.

famoso dipinto di Antonello da Messina e in una incisione di Durer.[161] Questo esercizio ha come obiettivo allenare nuove capacità di indagine per comprendere il valore simbolico (che manifesta un'episteme) contenuto nella rappresentazione dello spazio.

Ma, traslando, le nuove capacità di indagine sono utili più in generale per guardare la realtà. Infatti, prendere consapevolezza delle lenti che usiamo ci aiuta a scandagliare con una nuova lucidità la profondità degli oggetti da osservare, ci porta a vedere che esiste una genealogia di ogni nostra idee sulle cose e di ogni nostra convinzione, ci fa vedere come generalmente le abitudini diventano per noi leggi invisibili che ci impediscono di leggere i contesti e le condizioni senza pregiudizi, e così ci impediscono di coglierne tutte le potenzialità. La nuova consapevolezza raggiunta diventa una spinta ad allenare questa possibilità per la conquista di un grado di libertà che può potenziare in noi la creatività, un prerequisito per progettare.

5.2   *Origine / inizi*

L'esperienza didattica di questo laboratorio al primo anno di Architettura è guidato dalla Storia, ma questa scelta ha un carattere ancora più forte per la titolazione del Laboratorio con il termine Genealogia. Non semplicemente la storia, ma la storia come genealogia: ciò implica una scelta filosofica e metodologica, una specificità di approccio, una modalità di pensiero e quindi di azione. Quanto è efficace per l'obiettivo formativo? E quale è l'obiettivo formativo?

Per affrontare queste domande partiamo dal significato di genealogia: ad apertura del laboratorio chiedo agli studenti di esplorare questa parola, e insieme in aula la dissezioniamo, ne ricerchiamo gli etimi, la decliniamo attraverso collegamenti e opposizioni, insomma ci

---

[161] Si potrebbe, a partire da questo, ampliare al tema della cultura e dell'arte di un popolo, e quindi all'episteme dello stesso, in relazione all'ambiente geografico in cui vive. Tra i teorici che sottolineano questa relazione c'è Wilhelm Worringer con il suo *Astrazione ed empatia*, Einaudi, Torino 1975 (Munchen 1908).

facciamo un'idea articolata e aperta, operativa per tracciare un percorso di lavoro. Solo in un secondo momento fornisco alcuni elementi di conoscenza sul **"genealogismo storico"** di Nietzsche, che non va alla ricerca dell'"origine" ma alla ricerca degli "inizi", poiché l'origine porta con se l'idea di causa originaria, di causalità, mentre l'inizio è l'emergere di un fenomeno, è il suo manifestarsi. Sulle spalle di Nietzsche, Foucault parla di "storia eterotopica" in alternativa alla "storia utopica", e questa scrittura della storia, o meglio delle molte storie, non cerca di riportare a unità ciò che resta dispiegato come un insieme molteplice di flussi ed eventi su un campo di battaglia.

Individuazione degli **inizi** e lettura dei **fenomeni** vengono, dunque, assunti come strumenti metodologici e operativi per iniziare a formare un architetto, per preparare il terreno di coltura dove acquisire la competenza a osservare in maniera sensibile la realtà territoriale storica in cui operare.

Leggere genealogicamente i fenomeni vuol dire tracciarne la genesi, il loro prodursi per successivi sviluppi a partire da inizi, riconoscerne gli eventi che hanno avuto il portato di inizi. Allenare a questa competenza può essere strategico per avviare al lavoro di progettazione architettonica? E come allenare gli studenti a questa competenza?

Per iniziare, per esercitare questo sguardo posso attingere all'idea dell'albero genealogico, e ho provato a usare come esercizio per ogni studente la costruzione del proprio albero familiare per creare l'aggancio tra il proprio vissuto e il tema progettuale del laboratorio. Il passaggio successivo, progettato e guidato dal docente di Urbanistica, è stato la costruzione della mappa dei luoghi fisici dell'abitare collegati al proprio albero genealogico, una sorta di geografia familiare dell'abitare i territori e i luoghi. **(ESPERIENZA 3: L'albero genealogico familiare e dei luoghi dell'abitare)** Abbiamo guidato i due momenti dell'esercizio in aula in maniera congiunta e orientata ad allenare un approccio genealogico e, allo stesso tempo, per iniziare a lavorare alla scoperta di come genealogicamente si sono costruiti i paradigmi con cui ognuno interpreta e affronta il tema della casa, legge i luoghi dell'abitare, vede e fruisce la città.

Un altro esercizio è stato la simulazione della relazione tra progettista e committente del progetto architettonico da realizzare nel laboratorio: una casa per tre studenti. **(ESPERIENZA 4: Intervista**

al committente "il gioco dei perché) Il gruppo di tre studenti progettisti poteva coincidere con i tre studenti committenti della casa, oppure poteva scegliere altri tre studenti come committenti. Il "gioco dei perché" rivolto dai progettisti ai committenti porta ad approfondire le motivazioni delle richieste, spostando progressivamente dai bisogni ai desideri alle aspirazioni. L'esercizio porta gli studenti a indagare sui motivi più profondi che si nascondono dietro i *desiderata* del committente, e così quei motivi diventano elementi sensibili con cui progettare, e diventano stimolo per l'indagine intorno al tema progettuale, che si comporrà di altre importanti motivazioni.

Infatti, questo esercizio approfondisce uno degli elementi della triade **abitare/architettura/luogo**.

Il "gioco dei perché" con il committente porta a scendere in profondità sulla questione dell'abitare e sul punto di vista soggettivo (del committente) che, attraverso l'approfondimento viene spostato dai bisogni alle aspirazioni, allargando così a una visione proiettata verso il contesto (gli altri, la natura, il tempo in cui vivo, il luogo che vivo). Alla stessa maniera occorre approfondire sugli altri due aspetti che compongono il progetto: l'architettura come linguaggio e sistema di produzione specifico, e il luogo geoculturale in cui si colloca il progetto, nel nostro caso i Sassi di Matera.

Se da un lato la linea di lavoro è organizzata sul versante del soggetto, per tirare fuori e portare a consapevolezza il modo con cui guardiamo la realtà, guidando gli studenti a fare una genealogia di questo sguardo/paradigma in quanto storicamente definito, dall'altro lato la linea di lavoro si svolge parallelamente sull'oggetto, ovvero sui Sassi che sono il contesto fisico e culturale entro il quale produrre un'idea progettuale. Posso costruire la genealogia di un luogo? Posso fare la genealogia dei Sassi di Matera?

E qui la ricerca degli inizi può portarci anche molto lontano nella storia, nelle profondità delle nostre **origini preistoriche**, come ci ha insegnato la storia delle "*Annales*", quasi come in uno scandaglio psicanalitico. A questo riguardo le radici neolitiche, «le più intime fibre del nostro essere» di cui dice Braudel, sono quel fondo che, guardando i Sassi ci obbliga a guardarci.

Nel laboratorio entriamo nel vivo di questo.

La scelta di fare progettare i nostri studenti di primo anno nei Sassi è una scelta coraggiosa e allo stesso tempo ricca di opportunità: si tratta di un sito UNESCO, testimonianza eccezionale di paesaggio troglodita, un luogo che, come sostiene Tafuri, non può essere incluso nella consolidata categoria di centro storico[162], un sistema delicatissimo e allo stesso tempo di forte impatto, quindi un ambito del tutto particolare e in prima istanza refrattario a qualunque intervento di inserimento di nuova architettura. D'altro canto costituisce un contesto su cui è disponibile una ricca esperienza di studi e di sguardi, sia dal suo interno, ovvero da parte della comunità materana, sia dalla cultura internazionale. L'indagine rinvigorita dall'inserimento nella lista del patrimonio mondiale costituisce un profondo lavoro sui **valori**, e sul loro riconoscimento come valori universali. Si tratta di materiali preziosi da cui partire per guidare gli studenti a immergersi in un tema così delicato e complesso.

5.3 *Forma / funzionamento / essenza*

Per rendere materiale disponibile al progetto il contesto geoculturale in cui collocare, con cui far dialogare, e a cui ispirare l'oggetto architettonico da ideare, occorre trovare strategie per penetrare il senso del luogo, ovvero il terzo elemento della triade abitare/architettura/luogo.

Per la comprensione profonda di un luogo nella sua entità di **"paesaggio**

---

[162] M. Tafuri, *Un contributo alla comprensione della vicenda storica dei Sassi*, in Repubblica italiana, *Concorso internazionale sui Sassi di Matera*, Matera 1974. Tafuri scrive: «*proprio perché i Sassi non possono essere visti né come storia di popolo, né come unità comunitaria, ma debbono piuttosto essere riguardati come prodotto della lotta di classe, come mera manifestazione massificata della progettazione contadina entro i condizionamenti propri del passato. Astratti da un tale contesto, i Sassi divengono centro storico, cultura, valore estetico. Visti, invece, nel duro spessore dei rapporti materiali di produzione, nella contrapposizione di interessi fra le varie categorie sociali – rilevabili anche architettonicamente a livello di contrasto fra singoli edifici – i Sassi vengono ridotti alla loro misura storica più autentica che è quella di un centro antropologico – culturale.*» (p. 87).

culturale" invito gli studenti a usare un'altra triade, quella di forma/funzionamento/essenza. Infatti, il primo contatto con il luogo passa attraverso ciò che percepisco con i sensi, ovvero la sua forma; ma un paesaggio culturale è anche assimilabile a una macchina complessa che utilizza e trasforma risorse elaborando sistemi di conoscenza e tecniche di produzione di se stessa; allo stesso tempo un luogo ha un proprio carattere, qualcosa come un'essenza che traspare dalla forma e dal modo di funzionare e che li trascende.

In genere la comprensione di un luogo viene assimilata proprio alla comprensione della sua forma, o alla sua forma come risultato della stratificazione storica di fasi di crescita. Il tentativo di leggere dinamicamente questo processo si riduce spesso alla sovrapposizione di strati, di mappe del luogo che riportano la presenza dell'edificato, di ciò che viene demolito e delle sostituzioni. In realtà questa operazione, qualora fosse efficacemente praticabile (infatti è complessa e incerta per diversi motivi che vanno dall'impossibilità di avere dati a tappeto e traducibili in maniera omogenea in forma, dimensione e localizzazione dell'edificato su una cartografia, alla eterogeneità delle tipologie di rappresentazione cartografica dei luoghi nelle diverse epoche storiche), sarebbe tuttavia estremamente problematica per raccontare questa dinamica nella formazione dei Sassi, dove l'edificato è solo una parte della sua forma, e la cui connotazione risiede nella grotta e nello scavo. La forma viene raccontata anche attraverso gli elementi, e a questo uso sono stati redatti per i Sassi ben due cataloghi per la conoscenza e il recupero del dato materiale, il *Manuale del Recupero* a cura di Amerigo Restucci[163] e il *Codice di Pratica per la sicurezza e la conservazione* di Antonino Giuffrè e Caterina Carocci[164]. Entrambi gli strumenti, nel documentare il patrimonio negli aspetti delle forme, dei tipi, dei materiali e delle tecniche, introducono un'intuizione, ovvero l'opportunità di catalogare il sapere collegato alla produzione di quelle forme. Viene così messo in collegamento il dato materiale con quello intangibile dell'identità

---

[163] A. Restucci (a cura di), *Matera i Sassi. Manuale del recupero*, Electa, Milano 1998.

[164] A. Giuffrè e C. Carocci, *Codice di pratica per la sicurezza e la conservazione dei Sassi di Matera*, edizioni La Bautta, Matera 1997.

culturale della comunità e con gli aspetti espressivi del patrimonio. Si tratta di un primo passo che allarga l'attenzione dalla forma alla relazione di senso tra le cose e la comunità.[165] Segue il *Catasto dei beni culturali paesaggistici ed ambientali* redatto da Domenico Fiore[166] che, con una catalogazione sistematica e informatizzata, introduce la novità di ampliare la categoria di bene culturale dal solo patrimonio considerato espressivo del valore storico artistico (in questo sito principalmente le chiese rupestri) a tutti i manufatti e i segni che testimoniano i modi e le forme dell'abitare e la formazione del paesaggio, interpretando la logica del valore universale del sito come **"valore popolare e d'insieme"**.

Dunque, c'è un ampliamento al dato immateriale e un ampliamento a tutti gli elementi della forma per poter riconoscere il valore dei Sassi come paesaggio culturale: per la comprensione della forma occorre trovare strategie per guardare attraverso essa, e una strategia è proprio ampliare la categoria di ciò che osserviamo.

Quanto al funzionamento, negli anni ho cercato i modi e le strategie per accedere a questo tipo di comprensione dei luoghi, e un'occasione è stata un lavoro di ricerca su Gravina in Puglia[167] in cui ho sperimentato la costruzione di una mappa di funzionamento del territorio in età precontemporanea utilizzando lo studio dei toponimi.

I **toponimi** sono uno strumento interessante di indagine e di scoperta sui luoghi, hanno una nascita in genere molto antica, lasciano tracce di cose ormai mutate o sparite. Per la comprensione del senso dei toponimi occorre conoscere il codice linguistico di una comunità, espressione diretta dell'identità culturale che lega i luoghi alle persone, occorre comprendere la geomorfologia e l'uso storico del suolo, la

---

[165] Sia il *Manuale del Recupero* che il *Codice di Pratica* intraprendono un'indagine della tradizione costruttiva attraverso le testimonianze orali degli anziani maestri muratori.

[166] Il *Catasto dei beni culturali paesaggistici ed ambientali* è del 1998.

[167] Si tratta del mio contributo all'interno di un gruppo di lavoro multidisciplinare per lo *Studio preliminare per il Piano di Area Protetta della gravina di Gravina di Puglia*, vincitore del concorso bandito dall'Amministrazione Regionale di Puglia, del 2000.

storia politica, economica, sociale di quella società, i cambiamenti climatici, le pratiche e i culti. Nei toponimi c'è la possibilità di accesso al quadro complesso del funzionamento di un territorio prima della contemporaneità, un'immagine del funzionamento nella lunga durata storica, la lunga età della "civiltà contadina". Inoltre i toponimi aprono a uno spazio sottile, lo spazio evocativo che deriva dall'associazione dei nomi alle cose.

Come passare dal funzionamento della **"macchina territoriale"** al livello più profondo dell'essenza? Per cercare l'essenza di un luogo l'indagine si spinge ancora oltre. Posso intendere per essenza il carattere di un luogo? Il **carattere** può emergere dal rapporto tra la forma fisica e la forma del funzionamento di un sistema luogo? Come riconoscere i tratti del carattere di un luogo?

Dunque, un lavoro alla ricerca del carattere di un luogo, per estrapolarne i valori: è uno dei compiti che mi pongo per il Laboratorio di Genealogia. Provo a indagare in questa direzione e annoto quanto succede.

Si tratta di un lavoro su un piano sottile, sfuggente, che ha bisogno di un linguaggio allusivo, che rimanda a qualcosa che sta tra la forma, il funzionamento e il senso che la comunità riconosce a quella relazione. Come in genere non ci sfugge che i diversi piani della realtà vanno dalla forma delle cose (la loro consistenza materiale), al funzionamento delle stesse (il ruolo e le relazioni tra le parti per l'equilibrio dell'insieme), alla loro essenza (forse qualcosa che ne definisce la vita), così per un luogo dobbiamo sforzarci di coglierne l'essenza che si lega strettamente alla sua forma e al modo di funzionare, pur non essendo riducibile a nessuna delle due.

Ho, al riguardo, elaborato degli esercizi per guidare alla comprensione del carattere di un luogo.

Per determinare le condizioni di sorpresa, di novità che rendono visibili a me cose, relazioni, dettagli di un luogo, che vengono evidenziati e vivificati da impressioni, sensazioni, emozioni attivate dalla scoperta, utilizzo il viaggio e la visita in luoghi stranieri come modo efficace per farne esperienza. Poiché, in contemporanea al laboratorio, nell'ambito del corso di Storia dell'Architettura approfondiamo la conoscenza di alcune vicende architettoniche del Cinquecento a Venezia, ho utilizzato questa città per un viaggio-visita in cui guidare un gioco di

riconoscimenti finalizzato a fare esperienza del carattere di quel luogo.
(ESPERIENZA 10: Venezia nel Rinascimento e il carattere: il gioco dei riconoscimenti) Un bagaglio di conoscenze acquisite in aula, la visita/scoperta di una città non familiare e particolarmente suggestiva, un compito preciso organizzato in forma di gioco, sono stati gli ingredienti per fare un'esperienza orientata alla comprensione sensibile del carattere di un luogo.
Posso traslare questa modalità per lavorare al carattere e ai valori dei Sassi di Matera? Utilizzando l'esperienza raccontata da Benjamin in *Infanzia berlinese*[168], per visitare come stranieri un luogo abituale, ho sperimentato questa possibilità con gli studenti, facendo nei Sassi l'esercizio del gioco dei riconoscimenti già fatto a Venezia.
Benjamin indaga, con i saggi sulle città straniere[169] e il libro di ricordi di Berlino, la diversa ottica con cui l'immagine di una città si forma in uno straniero o in un nativo:

«*Lo stimolo epidermico, l'esotico, il pittoresco prendono solo lo straniero. Ben altra, e più profonda, è l'ispirazione che porta a rappresentare una città nella prospettiva di un nativo. E' l'ispirazione di chi si sposta nel tempo invece che nello spazio. Il libro di viaggi scritto dal nativo avrà sempre affinità col libro di memorie: non invano egli ha vissuto in quel luogo la sua infanzia.*»[170]

Benjamin descrive un'esperienza di **"spaesamento"**, il ricordo vivo

---

[168] W. Benjamin, *Infanzia berlinese*, Einaudi, Torino 1981 (Frankfurt am Main 1950). Scitta all'inizio degli anni Trenta *Infanzia berlinese* costituisce il contrappunto soggettivo del materiale che Benjamin andava raccogliendo per la sua opera sui *passages* parigini, rientrando quindi nel ciclo della storia delle origini dell'epoca moderna a cui l'autore si dedicò negli ultimi quindici anni della sua vita.

[169] W. Benjamin, *Immagini di città*, Einaudi, Torino 1980 (Feankfurt am Main 1955).

[170] W. Benjamin, *Die Wiederkehr des Flaneurs*, in F. Hessel, *Spazieren in Berelin*, "Die literarische Welt", V, n. 40, 4 ottobre 1929. Ho preso la citazione e il riferimento bibliografico dalla *Nota* di Peter Szondi al testo di Walter Benjamin, *Immagini di città*, cit., p.101.

dell'esperienza di essersi perso da bambino nella sua città, Berlino, e di averla vista con occhi stranieri. Così testimonia il ruolo costruttivo della **distanza**, quella realizzata da uno sguardo doppiamente straniero, quello di lui bambino, essendo ormai adulto, e quello del bambino a cui la città ancora non era amica.[171]

Mi sono interrogata su come creare le condizioni per produrre quel tipo di esperienza e su come poterla usare per vedere ciò che è nascosto dall'occhio dell'abitudine, per riportare a novità ciò che è coperto dagli strati dell'interpretazione, delle automatiche associazioni mentali e dai solchi delle memorie. **(ESPERIENZA 11: Matera e il carattere: il gioco dei riconoscimenti)**

Dunque, al potere dell'esperienza aggiungiamo il ruolo costruttivo della distanza: fare esperienza di una nuova distanza da ciò che per me è abituale apre spazi vergini e nuove possibilità di relazione con ciò che osservo, con la città che abito, con il tema che indago.

L'indagine sui Sassi è complessa poiché subito evidenzia la resistenza di questo oggetto a essere penetrato dagli strumenti soliti (ad esempio la stratigrafia delle fasi storiche o il rilievo geometrico), e allo stesso tempo perché sembra attivare direttamente un campo di esperienze radicali ed ancestrali in rapporto con la natura, con il passato remoto, con il luogo. Del fenomeno storico Sassi occorre considerare la particolarità in quanto espressione di una storia di lunga durata, una storia millenaria, per cui il carattere ha una forte valenza archetipica, collegata alla forma matrice dell'insediamento troglodita. Non a caso dalla loro rappresentazione ne è emersa un' immagine iconica, con esempi illustri nella letteratura e nel cinema, con Carlo Levi e Pier Paolo Pasolini, per citare i più noti. La circostanza fortunata per cui i Sassi sono stati raccontati dal cinema e dalla letteratura offre un materiale prezioso per allenarci ad estrapolare il carattere di questo luogo e per sensibilizzarci a cogliere le forme della sua essenza.

Inoltre, l'inserimento di questo sito nella lista del patrimonio mondiale UNESCO ci mette a disposizione l'esito di un ricco lavoro di estrazione dei suoi valori, un materiale prezioso per distillare

---

[171] Dalla *Nota* di Peter Szondi al testo di Walter Benjamin, *Immagini di città*, cit.

il carattere. Un esercizio fatto con gli studenti è consistito proprio nella riflessione e condivisione sul valore universale descritto dal testo con cui la commissione dell'UNESCO ha valutato il sito materano. **(ESPERIENZA 6: Riflessione sul valore universale dei Sassi di Matera)**

Per quanto riguarda l'essenza può essere utile, inoltre, utilizzare quanto emerso dal dibattito promosso dall'UNESCO in relazione ai concetti di **"autenticità"** e di **"integrità"**, termini con cui viene valutato lo stato di conservazione del valore universale di un sito. [172] Nel tentativo di definire cosa si debba intendere con "autenticità" e con "integrità", l'UNESCO ha promosso un intenso e ampio dibattito da cui sono stati messi in evidenza concetti come l'identità culturale e la necessità che il valore venga riconosciuto da parte della comunità, il "valore spirituale di un luogo", il valore degli elementi intangibili al pari di quelli tangibili. Si tratta di concetti che sono stati acquisiti nelle carte internazionali e negli strumenti giuridici e che, in qualche modo, ampliano il modo di osservare, portando a valutare il patrimonio, il luogo, il paesaggio per le diverse componenti o espressioni, superando il limite del solo dato materiale e della sola forma.

Il termine **"spirito del luogo"**, che emerge dai documenti più recenti dell'UNESCO, è una locuzione allusiva che sembra orientare l'attenzione nella stessa direzione in cui cercare l'essenza di un luogo. La comunicazione interattiva e la partecipazione sono gli strumenti per mantenere vivo lo spirito di un luogo. Attenzione particolare è rivolta alla trasmissione intergenerazionale e transculturale, ovvero alla

---

[172] Mentre l'autenticità qualifica il patrimonio culturale, l'integrità si riferisce alle condizioni funzionali e storiche di un sito naturale o di un "paesaggio culturale", e i due concetti possono essere considerati complementari. Per definire l'autenticità si può far riferimento a tre questioni fondamentali: il processo creativo, le prove documentali e il contesto sociale. Fino alla revisione del 2005, il "test di autenticità" era sostanzialmente visto in riferimento al materiale tangibile del patrimonio. Il contesto sociale e le tradizioni viventi formano il terzo aspetto di autenticità, e sono diventati oggetto di maggiore attenzione soprattutto negli ultimi anni la dimensione immateriale del patrimonio, il *know-how* e le competenze.

partecipazione delle giovani generazioni e dei diversi gruppi culturali.[173] Dunque, per estrarre, come in un processo di distillazione, l'essenza di un luogo, di un paesaggio o di un'architettura, alcuni suggerimenti possono essere colti nei ragionamenti e nelle strategie che indagano sui valori, sul rapporto tra tangibile e intangibile, sullo spirito dei luoghi in relazione alla vita delle comunità e alle identità culturali. Il valore lega il patrimonio alla comunità, e questo avviene attraverso il riconoscimento del senso, e quest'ultimo è in relazione alla vita. Su questi spunti si possono esplorare altre possibili strade per costruire strumenti e strategie di estrazione dell'essenza e/o del carattere di un luogo.

5.4 *Uomo / terra / cielo*

Per lavorare nel progetto di architettura all'approfondimento della comprensione attraverso la storia e la genealogia, esploro la questione delle scale dei fenomeni e del ruolo strategico che riveste la capacità di cogliere a quale scala un fenomeno esprima il suo più profondo e ampio significato. In questa ottica le scale dell'architettura sono riportabili alla triade uomo/terra/cielo.

La **misura** dell'uomo per l'architettura è esplorabile da un punto di vista delle dimensioni del corpo umano a cui deve essere commisurato lo spazio che lo accoglie e le funzioni e i movimenti programmati al suo interno. Ma l'uomo è anche microcosmo le cui proporzioni esprimono corrispondenze con il macrocosmo e traducono leggi generali del creato, secondo le teorie armoniciste e con l'antropometria su cui hanno ragionato molti filosofi, architetti e artisti dall'antichità ai tempi recenti, dal *Canone* di Policleto al *Modulor* di Le Corbusier. L'esplorazione dei significati dell'architettura in relazione alla scala uomo apre a un panorama che va dall'ergonomia all'antropometria, e la storia dell'architettura è una riserva di esperienze ed elaborazioni da cui acquisire spunti critici e sensibilità per un progetto radicato sulla

---

[173] ICOMOS, *Dichiarazione di Québec (Canada) sulla conservazione dello spirito del luogo*, ottobre 2008 (sedicesima assemblea generale dell'ICOMOS).

misura e sulla posizione/ruolo dell'uomo.

Allo stesso modo ogni architettura si deve misurare con la scala della terra, dalla geomorfologia del luogo su cui sorgere, alle leggi che governano questo pianeta, come la legge di gravità, al sistema di orientamento terrestre definito dai quattro assi cardinali, alle materie e ai materiali da costruzione, alle risorse energetiche, fino alle condizioni che derivano dal rapporto che la terra ha con il sole (il clima e le stagioni) e con la luna (le maree). Questo ambito di questioni è considerato oggi di attualità strategica in relazione all'obiettivo della sostenibilità, del risparmio energetico e dell'impronta ecologica dei nostri insediamenti, ma non è mai stato trascurato nelle culture precontemporanee dell'abitare, e la storia dell'architettura può testimoniare esperienze e teorie al riguardo da cui possiamo attingere riferimenti.

Ancora, l'architettura e la misura del cielo è un ambito di approfondimento sulle relazioni e sulle scale maggiori con cui siamo connessi. Se per gli antichi romani si tratta di una relazione concreta per cui il disegno della città trasla i segni che gli àuguri leggono nel cielo[174], sul piano della nostra concretezza la posizione della terra in relazione al sole determina tutti quegli aspetti che l'architettura non può fare a meno di valutare in relazione al luogo, come le caratteristiche climatiche e le stagioni, il soleggiamento, la luce naturale. Ma, altrettanto presente nella produzione di architettura è il cielo in termini di afflato verso dimensioni superiori a quelle direttamente esperite dall'uomo. A questo proposito è interessante l'indagine sulle relazioni tra il tipo architettonico degli edifici sacri e per il culto (il piano materiale della forma) e l'espressione dell'idea del sacro e del divino (il piano del significato e dell'essenza), oltre al livello intermedio relativo al rituale e alle pratiche del culto (il piano del funzionamento).[175]

---

[174] Rykwert, *L'idea di città*, cit.

[175] Per le relazioni e i significati relativi al piano più sottile per spiegare le differenze tra tempio, chiesa, basilica, duomo in termini di idea del divino e di relazione con esso, trovo efficace la spiegazione di Crispino Valenziano nell'introduzione al libro, *La basilica cattedrale di Cefalù. Materiali per la conoscenza storica e il restauro. 5 Lettura liturgico-teologica della basilica ruggeriana*, Epos, Palermo 1987. Su architettura e cielo nelle diverse culture del mondo

Utilizzando il potere esperienziale ed emotivo del viaggio e della visita a luoghi distanti dall'abitudine, abbiamo conosciuto Villa Adriana, condotti dalle *Memorie di Adriano* di Marguerite Yourcenar,[176] cercando le relazioni con il cielo che l'imperatore, appassionato di astronomia, ha inserito nel disegno, nelle forme, nel funzionamento e nei nomi della villa che si fece costruire a Tivoli.[177] **(ESPERIENZA 12: Adriano, la villa, il cielo)**

Anche nelle revisioni in itinere ai progetti elaborati dai gruppi di studenti nel laboratorio, la domanda su come stessero usando le tre scale uomo/terra/cielo a cui commisurare l'architettura nel proprio progetto è diventato un canovaccio per facilitare l'approfondimento e la consapevolezza del fare. **(ESPERIENZA 15: Uomo/terra/ cielo: le scale dell'architettura)**

5.5 *Archetipi*

Abbiamo indagato su come l'esperienza possa essere usata come chiave d'accesso a una genealogia dei modelli mentali, dei paradigmi, delle lenti con cui interpreto il mondo e la realtà. Allo stesso tempo, ampliando lo sguardo, dall'individuo alla società e alle civiltà, possiamo scoprire che conserviamo ancora attivi nel nostro codice comportamentale i solchi scavati da ogni fase di civiltà attraverso cui siamo passati per divenire oggi quello che siamo, fino alla storia delle fasi più remote di cui portiamo i segni ancora indelebili. E' forse questo il senso delle

---

Adrian Snodgrass ha scritto *Architettura, tempo, eternità. Il simbolismo degli astri e del tempo nell'architettura della Tradizione*, Mondadori, Milano 2008 (New Delhi 1990).

[176] M. Yourcenar, *Memorie di Adriano*, Einaudi, Torino 1965 (Paris 1951).

[177] A visitare la villa di Adriano astrologo ci hanno guidato e fatto sperimentare Nicoletta Lanciano, autrice del libro *Villa Adriana tra terra e cielo. Percorsi guidati dai testi di Marguerte Yourcenar*, Apeiron Editori, Roma 2003, e Rita Montinaro, entrambe del Gruppo di Ricerca di Pedagogia del Cielo del Movimento di Cooperazione Educativa.

parole di Braudel:

«La lunga gestazione della Preistoria riguarda le radici, le più intime fibre del nostro essere e l'era neolitica, con la sua capacità di creare utensili e le sue civiltà ingegnose, ne costituisce il periodo di maggior splendore.»[178]

Dunque, la storia come genealogia ci guida alla ricerca di questi inizi, dentro di noi come individui e dentro la società, così come dentro i luoghi come paesaggi culturali.

E ancora, a ritroso, sfogliando questi strati nel tempo cronologico e nelle scale delle aggregazioni sociali, dalla storia delle civiltà fino alla mia storia, giungo a una soglia oltre i cui limiti, in cima e al fondo, incontro la struttura biologica del cervello della nostra specie come strumento interpretativo della realtà. E' possibile cercare su quella soglia l'*imprinting* alla formazione di alcune nostre idee, ad esempio sulla nostra idea di spazio? E su questo si apre il fronte dell'indagine sugli archetipi e sulle strutture fondanti del nostro essere come individui, come società e come abitanti dei luoghi, ovvero produttori di paesaggi culturali.

La ricerca degli inizi della storia dei Sassi ci spinge sempre più indietro, fino ad arrivare a provare la vertigine di un tempo che è prima della soglia della storia, lunghissimo da sembrare immobile eppure denso di rivoluzioni gigantesche, le rivoluzioni del neolitico, un tempo che diventa quasi mitico. Da quel luogo provengono echi e labili tracce materiali, e la struttura troglodita di questo insediamento tiene aperto il canale di trasmissione tra quel tempo remoto e noi.

In questo allenamento a decifrare gli echi di quell'origine arcaica, spingendo l'immaginazione così in fondo, nella viscere della terra e del tempo, inizi e origini iniziano a sovrapporsi, a confondersi sfumando gli uni nelle altre.

Così, anche nella sperimentazione didattica mi è sembrato di dover superare una soglia, quella che separa l'ambito di azione dello storico da altri tipi di analisi, ovvero tra l'osservazione dei luoghi come fenomeni

---

[178] F. Braudel, *Storia misura del mondo*, cit., p.95.

storici, come espressione di processi diacronici, e l'osservazione di quegli stessi luoghi come espressione di fenomeni metastorici, di categorie tipologiche: da qui nasce il bisogno di interrogarmi intorno agli archetipi.

Nel lavoro di Carlo Ginzburg trovo un interessante terreno di ragionamento intorno ai confini della disciplina della storia in relazione alla praticabilità di incroci tra collegamenti storici (ovvero collegamenti dimostrabili tra persone e idee avvenuti in tempi e in luoghi definiti) e relazioni tipologiche di natura antropologica (ovvero collegamenti tra esperienze non collegabili tra loro da relazioni storiche, ma accomunate da qualcosa che attiene alla struttura umana).

Mi interessa nel suo lavoro di storico il «proposito di studiare categorie elementari, di carattere antropologico, in ambiti culturali diversi», che porta a «trasgredire i taciti divieti della disciplina, allargandone i confini», riconducendo alla conoscenza storica fenomeni apparentemente atemporali o apparentemente trascurabili.[179] Ginzburg usa, nella sua ricerca sul sabba, «la morfologia come una sonda, per scandagliare uno strato inattingibile agli strumenti consueti della conoscenza storica»[180], anche se, per spiegare la scoperta dell'esistenza di un nucleo mitico che per secoli mantiene intatta la propria vitalità, non ricorre tuttavia all'idea degli archetipi o dell'"inconscio collettivo".

E' una questione che mi pongo nel momento in cui trovo efficace utilizzare per la didattica nel Laboratorio di Genealogia dell'Architettura l'idea di riconoscere le **matrici interpretative** che agiscono in noi e che ricoprono tutto ciò che guardiamo. Se potessimo sfogliare queste matrici come tanti strati, gli strati con cui interpretiamo la realtà, usando strumenti sperimentali ed esercizi, potremmo rendere evidenti ai nostri occhi quelle molte lenti stratificate che, se diventassero a noi visibili, diventerebbero per questo anche disponibili per essere usate consapevolmente. Lungo questa linea di pensiero, strato dopo strato, dai modelli mentali familiari, del clan, della società, fino a incontrare l'episteme di una civiltà, continuando a togliere, forse si può raggiungere un nucleo strutturale, fisiologico, comune all'uomo,

---

[179] C. Ginzburg, *Miti emblemi spie*, cit., p.XII.
[180] C. Ginzburg, *Miti emblemi spie*, cit., p.XIV-XV.

e forse, per avvicinarci ad esso, oggi possiamo iniziare ad usare anche le recenti conoscenze sul cervello. E' come provare a sbucciare la mia idea del mondo e di me alla ricerca di qualcosa al fondo, ovvero al di là di tutto ciò che posso scoprire essermi stato calzato addosso dai contesti che ho vissuto. E questa indagine può essere condotta alla scala sociale? Da questo tentativo di movimento in discesa verso il fondo comune ancestrale e strutturale nasce l'interrogarmi sull'idea degli archetipi, con la necessaria cautela che occorre per muoversi in un terreno sdrucciolevole ed equivocabile quale questo si mostra.

Della triade **abitare/architettura/luogo** ora affronto il secondo elemento e vado alla ricerca della struttura di base, seguendo alcuni percorsi che nella storia testimoniano questa ricerca.
Infatti, la ricerca sulle **fondazioni dei saperi**, delle arti, delle discipline è costante nella storia degli uomini, con intensificazione in alcuni periodi in particolare. Alle origini dell'architettura, nel territorio di mezzo tra il mito e la storia, nel punto di passaggio dalla natura all'artificio, si colloca ad esempio la "capanna primitiva" di Marc Antoine Laugier, rappresentata nel frontespizio del suo *Essai sur l'architecture* del 1755. Ci sono poi le diverse ipotesi di origine degli ordini architettonici del linguaggio classico occidentale e circa la loro derivazione, nella loro complessità estetica e simbolica: ad esempio, dalla tettonica delle prime rudimentali costruzioni di templi arcaici in legno e terra battuta, secondo la teoria di Cesare Brandi[181], o da un processo di traduzione dell'*ara* come l'insieme degli oggetti e delle parti del corpo umano e animale usati per i sacrifici rituali, che diventano dapprima *tropoi* e poi trofei, secondo l'ipotesi di George Hersey[182]. Ci sono anche le ricerche circa gli inizi dell'insediamento aggregato e della città, e sul tema della fondazione di una città, come in alcuni lavori di Rykvert e di Serres[183]. Sono tutti territori di indagine che mi attirano e dove forse cerco risposte su come siamo.

---

[181] C. Brandi, *Struttura e architettura*, Einaudi, Torino 1967.

[182] G. Hersey, *Il significato nascosto dell'architettura classica*, cit.

[183] Di J. Rykwert, *L'idea di città*, cit. e *La casa di Adamo in paradiso*, cit.; di M. Serres, *Roma, il libro delle fondazioni*, cit.

Alla ricerca di inizi, fondazioni, elementi costitutivi di base del linguaggio e dello strumentario dell'architettura, Gofrid Semper offre una teoria che trovo utile per sperimentare in aula una immersione verso il fondo del secondo elemento della triade abitare/architettura/luogo. Semper coniuga gli elementi costitutivi dell'architettura con i quattro elementi che compongono la realtà della vita sulla Terra secondo una conoscenza antica e praticata diffusamente prima della contemporaneità nei differenti ambiti del sapere e in tutte le culture del pianeta, ovvero la quadriade **terra/acqua/aria/fuoco**. L'architettura si fa con questi quattro elementi e allo stesso tempo protegge da questi. Nella teoria di Semper i quattro elementi diventano il terrapieno, il recinto, il tetto e il focolare. [184] **(ESPERIENZA 7: I quattro elementi di Semper)** Ho usato i quattro elementi di Semper come binario per stimolare gli studenti ad approfondire i significati del loro progetto, e ne ho fatto uso per facilitare la verifica del percorso ideativo nelle revisioni in itinere dei loro elaborati.

5.6 *Storia, progetto e creatività*

Attribuendo la responsabilità del coordinamento del Laboratorio di Genealogia alla Storia dell'Architettura abbiamo scelto di mettere subito in chiaro l'approccio che usiamo nella lettura della realtà, ovvero ne sottolineiamo la dimensione storica. All'interno del laboratorio il contributo della Storia non si limita a guidare gli allievi nella lettura storica del contesto ambientale in cui inserire il progetto di architettura, ovvero la storia dei Sassi e di Matera, che pure è un obiettivo perseguito e che, per altro, per le caratteristiche proprie del sito, già apre a tutta una serie di riflessioni e di sperimentazioni intorno al metodo, come abbiamo già visto.

L'interrogativo che mi sono posta è stato come la storia possa divenire un impulso forte, quasi un *imprinting* nell'introdurre l'allievo alla

---

[184] G. Semper, *Die Vier Elementen der Baukunst*, cit.; per la traduzione italiana, H. Quitzsch, *La visione estetica di Semper*, seguito da G. Semper, *I 4 elementi dell'architettura*, cit.

complessità del progetto architettonico. Perché il sapere della storia può fare da guida nell'iniziazione al sapere dell'architetto? Mi sono fatta ripetutamente questa domanda nel corso di questa esperienza didattica, approfondendo il senso di questa scelta e la portata per il percorso formativo dei nostri studenti.

Il Laboratorio di Genealogia si è andato strutturando in **pratiche guidate** all'osservazione dei fenomeni, orientate a formare la competenza all'analisi, alla conoscenza, alla scomposizione e alla composizione, all'organizzazione dei dati e delle idee. E, a partire dall'obiettivo di riconoscere gli inizi dei fenomeni per trovarne le radici, le domande che vengono formulate sono relative al come nasce qualcosa e, per cominciare, a **come nasce un'idea**. Se l'idea è sempre una risposta a una domanda, con il laboratorio si orienta lo studente verso un lavoro critico al fine di esprimere **domande strategiche**, sensibili, nodali, ben poste per produrre risposte significative. [185]

Il laboratorio è il luogo in cui facilitare e guidare l'esperienza del fare al fine di prendere contatto con la propria potenzialità di creatività, per iniziare a conoscere le proprie attitudini e per meglio utilizzarle, per avviare un processo di consapevolezza di quali siano le condizioni perché tale potenziale realmente si possa esprimere. Come parole chiave, sin dall'inizio di questa esperienza, abbiamo scelto: **"creatività"** ovvero la genesi dell'opera, **"arte"** per leggere la realtà in maniera sensibile, **"cooperazione"** come risorsa evolutiva.

L'attività laboratoriale è orientata alla realizzazione di una prima esperienza di progetto architettonico, guidando gli studenti nei primi passi nell'arte sottile di leggere e comporre la scalarità dei fenomeni, dagli elementi dell'oggetto architettonico, alla città, al paesaggio. Con questa attività si intende mettere semi per esercitare e accresce la capacità creativa degli allievi, scoprendo le procedure che la facilitano o la attivano, il ruolo della competenza cooperativa, l'efficacia di un lavoro sulla sensibilità per allenare a cogliere le circostanze e i contesti

---

[185] Sui meccanismi della creatività, sull'intuizione e sul ruolo che ha la formulazione di domande rimando al libro di Edoardo Boncinelli, *Come nascono le idee*, cit., e al libro di Willis Harman e Howard Rheingold, *Creatività superiore*, cit.

come opportunità. Al fine di perseguire questi obiettivi formativi ed educativi ho messo a punto e sperimentato una **strumentazione "genealogica"**, che ho costantemente monitorato, corretto, revisionato in corso d'opera, di cui ho illustrato i modi e le forme descrivendo alcune delle esperienze da me guidate in aula (le schede di lavoro sono l'ultimo paragrafo di questo capitolo).

Questa strumentazione si compone di esperienze in forma di esercizi, tutti collaudati in aula e, in molti casi, perfezionati nella riproposizione in anni successivi lungo questo quinquennio, e comprende esperienze in forma di viaggi di istruzione e di sopralluoghi, attiene a cicli di seminari sul tema "Armonia", e contempla l'uso di alcune griglie (abitare/architettura/luogo, forma/funzionamento/essenza, uomo/terra/cielo, terrapieno/recinto/tetto/focolare) come binari per guidare gli studenti nell'ideazione e nella scelta dei modelli di riferimento per il progetto, allenandoli ad approfondire la domanda progettuale e le motivazioni del progetto. Questi strumenti sono pensati per facilitare l'autoconsapevolezza del processo ideativo e progettuale e sono utilizzati, come schemi per l'argomentazione delle scelte, anche nell'attività di revisione collegiale degli stati di avanzamento del lavoro progettuale degli studenti. Si tratta di strategie per guidare gli allievi a interrogarsi e a migliorare la consapevolezza circa la relazione tra idea, progetto, contesto storico e riferimenti, che convergono verso la redazione finale di elaborati scritti (compilazione di questionari a risposta aperta) e mappe concettuali che sintetizzano il personale percorso creativo nel progetto sul tema d'anno.

L'attenzione alle dinamiche del processo formativo, per poterne progettare efficacemente un percorso, mi ha sensibilizzato nell'osservazione dei comportamenti e delle posture cognitive mie e degli allievi. Da questa osservazione colgo la necessità di stimolare, con il percorso formativo, l'attitudine a **restare con la domanda**, per poter costruire, tra la domanda e la produzione della risposta, un lavoro di approfondimento dei livelli meno evidenti e più sottili con cui esplorare la domanda stessa. Un obiettivo prioritario che mi pongo nella didattica è, dunque, allenare gli studenti nella competenza ad osservare i livelli meno grossolani dei fenomeni, per portare in evidenza il maggior numero di relazioni all'interno di essi. Per passare dalla materia più densa a quella più sottile occorrono però

passaggi graduali, per evitare voli pindarici o collegamenti generici o deterministici. Dunque, occorre una grande attenzione alle **procedure**, una sorta di allenamento a disvelare le relazioni tra visibile e invisibile, tangibile e intangibile (volendo usare le categorie che l'UNESCO utilizza oggi per parlare del patrimonio dell'umanità), e occorre esercizio per praticare e codificare quei passaggi. Una parte del mio lavoro nella didattica si concentra, dunque, sul costruire e collaudare tali procedure, dettagliando i passi da eseguire e monitorando il funzionamento e l'efficacia a conseguire il risultato. Negli anni ho messo a punto griglie e procedimenti, attingendo a strumentazioni e a teorie da diversi contesti disciplinari, che consentono l'azione cognitiva di scalare dal basso, ovvero da ciò che raggiunge i miei sensi, all'alto, ovvero a ciò che posso cogliere attraverso la funzione astrattiva della mente, e per ridiscendere dall'alto al basso per produrre forme, ovvero il piano di manifestazione dell'architettura. Come in un processo di distillazione dalla materia tangibile all'essenza, così le procedure per passare dalla materialità dei fenomeni alla loro espressione concettuale ha bisogno di passaggi mentali graduali, e allo stesso modo il percorso inverso. Si tratta dunque di allenarsi a salire e scendere questa scala, allenando questa competenza con esercizi che fortifichino i "muscoli" della nostra mente, la capacità a collegare e a traslare, la capacità a vedere e a usare le scale, la capacità a connettere sensazioni, emozioni e pensieri astrattivi. La creatività ha a che fare con queste competenze e, quindi, penso che la si possa allenare e accrescere.

Nella gestazione del progetto di Laboratorio di Genealogia è stato un modello stimolante e un termine di paragone orientante l'esperienza della scuola Bauhaus[186] che, pur inserita in un contesto storico diverso dal nostro, tuttavia comunica ancora una grande vitalità nel modo di affrontare la relazione tra diversi saperi, da quelli pratici a quelli astrattivi a quelli diagonali come l'arte, e tra le diverse forme di

---

[186] Molto è stato scritto sulla Bauhaus; tra i tanti rimando al volume a cura di Jeannine Fiedler, *Bauhaus*, Tandem Verlag GmbH 2006, e a quello di Magdalena Droste, a cura del Bauhaus-Archiv Museum fur Gestaltung, *Bauhaus 1919-1933*, Taschen, 2006.

produzione come quella artigianale e quella industriale collegate dalla sensibilità artistica. Da quell'esperienza ci raggiunge ancora vitale e propositiva l'esplorazione condotta sull'interazione tra i saperi, e quella sul fronte della sperimentazione di procedure e di strumenti didattici per allenare e incrementare la creatività. Non ultimo emerge il richiamo forte alla responsabilità civile di costruire e di usare il sapere per immaginare e per orientare un futuro evolutivo per gli uomini, e questo con la forza di un progetto globale, contenuto in un progetto di formazione, che dovette confrontarsi con la forza bruta della dittatura nazista. Dunque, la scuola Bauhaus è un riferimento che, oltre a costituire un ricco bagaglio di materiali e di esperienze collaudate per la didattica dell'arte e dell'architettura, si colloca come un modello per orientare la comprensione del ruolo dell'insegnamento universitario e della formazione in generale.

Se la didattica dell'arte e dell'architettura si confronta con le questioni relative all'insegnamento e allenamento della creatività e della progettualità, la didattica della storia può contribuire con la sottolineatura sulla **visione**. La visione orienta il fare e il fare veicola la visione: a questo proposito un esempio interessante è la *Connected History*, una pratica contemporanea della disciplina storica, che utilizza la modalità della scrittura comune della storia e contribuisce, nella didattica, alla costruzione di una cultura della pace attraverso uno sguardo multiculturale dei fenomeni storici, ovvero facendo costruzioni storiografiche che superano i confini tra stati e aree geopolitiche.[187]

---

[187] Un esempio di *Connected History* è la creazione di *Méditerranée. Une Histoire à partager* (pubblicato come libro, a cura di M. H. Idrisi , coedito da Bayard, Association Marseille-Provence 2013 e Scérén, Parigi 2013): una scrittura in comune fatta da un gruppo di storici e studiosi di didattica della storia, provenienti da otto paesi del Mediterraneo (Marocco, Tunisia, Francia, Italia, Portogallo, Grecia, Libano ed Egitto). Questo progetto, centrato sulla scala mediterranea, si propone come complemento per gli insegnanti che spesso hanno a disposizione solo materiali e programmi rinchiusi nella scala e nell'ottica nazionale. Attraverso il racconto, i documenti e le carte, i quindici autori, coordinati da Mostafa Hassani Idrisi dell'Università

La formazione dei giovani è strategica perché è uno dei luoghi dove possiamo investire sensibilmente per la costruzione della visione di futuro, e l'insegnamento della storia e dell'arte possono contribuire efficacemente a perseguire questo obiettivo.

5.7 *Armonia*

Sin dal primo anno di sperimentazione del Laboratorio di Genealogia dell'Architettura ho sentito la necessità di trovare i modi per facilitare gli studenti nella comprensione che ogni singolo sapere, ogni singolo ambito disciplinare debba essere usato come contributo a una **conoscenza unitaria**, per coltivare una capacità ampia di comprensione dei fenomeni e di progettazione delle azioni. Il laboratorio ha proprio questo tra gli obiettivi, e costituisce la modalità didattica che meglio si presta a raggiungere questo obiettivo formativo. Tuttavia sentivo che occorreva facilitare il collegamento tra le esperienze formative proposte all'interno del laboratorio e altre, a partire almeno da quelle previste nello stesso anno di corso. L'obiettivo era provare a rendere visibili i collegamenti tra i temi trattati nel laboratorio e quelli affrontati, ad esempio, nelle materie scientifiche di base, con l'idea che ciò che è strategico è allenarsi a utilizzare tutto il sapere e a **traslare**[188] le abilità acquisite in un ambito in ogni altro, ovvero provare a utilizzarsi meglio. Per lavorare a questo obiettivo mi occorreva un tema che potesse essere allo stesso tempo un contenitore capiente e che potesse fare da orientamento, ed ho scelto la sintesi espressa dalla parola e dal concetto di "armonia". Dunque, "armonia" è diventato il tema di un seminario, poi ciclo di seminari, nella direzione di farlo diventare un

---

di Rabat, ripercorrono la nascita di un soggetto storico, il Mediterraneo, esplorandone i diversi periodi di tensione e di cooperazione, isolazionismo e apertura, tradizionalismo e modernità. Il progetto ha previsto anche la realizzazione di un sito internet, un mezzo di diffusione e di condivisione che raggiunge un'utenza molto più allargata e diffusa e che facilita modalità interattive, elementi che attualizzano i modi della didattica della storia.

[188] P. Paoletti, A. Selvaggio, *Traslazione*, cit.

evento pubblico in cui il Laboratorio di Genealogia e l'Università si aprissero alla città e al territorio.

Armonia, a partire dal mito, rimanda all'idea di equilibrio dinamico, ma è anche espressione di bellezza ideale e, allo stesso tempo, di bellezza già insita nelle cose e nelle forme del creato (ad esempio le proporzioni armoniche e il numero aureo, anche dette nel Rinascimento "divina proporzione", che è leggibile in molte forme della natura). Del resto "armonia" è un tema attraversato molte volte nella storia della produzione di architetture e di città, è tema frequentato dagli architetti, dai matematici, dai musicisti, dai filosofi e dai teologi in varie epoche. All'inizio il seminario su "armonia" è consistito nel portare dentro il laboratorio lezioni tenute dai colleghi di Analisi Matematica e di Geometria Analitica e di Storia della Musica (il docente di questo insegnamento è stato invitato dal Conservatorio Musicale di Matera), con approfondimenti sul rettangolo aureo, sui frattali, sull'accordatura pitagorica e sull'ottava musicale, portando questi ambiti del sapere a contribuire direttamente al fare progettuale del laboratorio. Negli anni seguenti il seminario su "armonia" è stato ampliato, fino a diventare un percorso fatto di più momenti, organizzati ognuno in due parti, una dedicata a incontrare due o più relatori, e una di esperienza con il gruppo aula sulla scorta delle sollecitazione pervenute dalle relazioni. Un ciclo di incontri è stato progettato sulla seguente sequenza: la percezione, per affrontare le scale del corpo e della terra, a cui far seguire un'esperienza utilizzando Kandinsky; poi la memoria, la terra e il cielo, con un'esperienza di albero genealogico; poi l'abitare che ha esplorato la relazione tra forma e sostanza, a cui è seguita un'esperienza utilizzando Semper; quindi il luogo, indagato in relazione alle mappe, con un'esperienza attraverso i Sassi; per giungere agli archetipi e al progetto armonico, con la sintesi del percorso condotto e verso il progetto di architettura. I relatori invitati erano portatori di saperi negli ambiti dell'arte, della matematica, della musica, della comunicazione, dell'astronomia, del mito. **(ESPERIENZA 8; Armonia 1) (ESPERIENZA 9; Armonia 2)**

Dunque, "armonia" come tema strategico per mettere in relazione i saperi e come efficace terreno su cui guidare percorsi di approfondimento per il progetto di architettura; ma il tema può anche essere usato come occasione per contribuire, nel momento di cambiamento che stiamo vivendo, ad orientare verso l'espressioni delle nostre migliori capacità, assumendo la responsabilità del ruolo per il miglioramento dell'insieme.

5.8 *Mi osservo al lavoro*

Utilizzando il potenziale della genealogia a evidenziare i **processi**, ho stimolato gli studenti a usare sempre contemporaneamente lo **sguardo interno** e quello **esterno**, ovvero l'**attenzione** focalizzata di ognuno sul lavoro che sta facendo e l'attenzione su di sé mentre sta lavorando. Mi osservo mentre faccio: così la genealogia del presente può essere un insieme di strumenti per sensibilizzare e allenare l'attenzione[189], per conquistare gradi di consapevolezza, nel progetto di architettura, così come nella vita.

Insieme agli elaborati del progetto architettonico gli studenti hanno prodotto per la verifica finale alcuni elaborati in cui ripercorrere individualmente il percorso di apprendimento compiuto, evidenziando le consapevolezze raggiunte e le criticità, ed altri elaborati in cui mappare, questa volta in gruppo, il percorso ideativo e conoscitivo interno al proprio lavoro di progettazione architettonica. **(ESPERIENZA 18: Genealogia del percorso formativo) (ESPERIENZA 19: Genealogia del percorso progettuale)**

La stessa attenzione, rivolta in questo caso sia a ciò che avviene in aula sia a ciò che avviene dentro di me, la applico per monitorare e migliorare il mio lavoro di docente. Parto delle criticità nell'esperienza del laboratorio e di come queste, utilizzate come opportunità, mi abbiano obbligato a trovare strategie nuove. Per coordinare in maniera efficace un Laboratorio come quello di Genealogia serve una grande disponibilità di tutti i docenti coinvolti a dedicare molto tempo insieme, sia nella programmazione e preparazione delle attività che nel continuo monitoraggio delle stesse, ovvero la necessità di molte

---

[189] P. Paoletti, A. Selvaggio, *Osservazione*, cit.

riunioni e di molte compresenze in aula. Inoltre serve una disponibilità dei docenti coinvolti a vedere limitata quella consolidata "autonomia" della didattica accademica, per mettersi in discussione investendo sinceramente in un confronto costruttivo e sereno. Insomma, la **capacità collaborativa**, che nel laboratorio abbiamo considerato una delle parole chiave e delle chiavi del successo nel percorso formativo, non è un'abilità scontata per noi docenti, e dobbiamo mettere in conto che abbiamo da apprenderla, a patto che davvero la desideriamo e che realmente riusciamo a ritenerla vantaggiosa per noi oltre che per l'insieme.

Questo ha costituito un campo di miglioramento a cui dedicare molto impegno e inventiva, poiché è stato un punto di criticità all'inizio dell'esperienza del quinquennio, in una fase che era di avvio della corso di laurea in Architettura, in una condizione di eccezionalità e di superlavoro, in scarsità numerica di risorse umane e materiali e in sovrabbondanza di compiti relativi al varo e alla messa a punto del nuovo progetto universitario.

Nel Laboratorio di Genealogia, che è stato il primo su cui abbiamo testato l'esperimento, abbiamo compreso la necessità di un lavoro dei docenti condiviso preliminarmente, con frequenti momenti di riposizionamento, oltre a una programmata frequente compresenza in aula, tutte condizioni per una conduzione contenitiva e orientante. Abbiamo compreso questo anche grazie allo spaesamento che nei primi anni in qualche occasione gli studenti hanno vissuto per la mancanza di una guida coesa e convergente, circostanze che hanno stimolato soluzioni creative e che si sono rivelate un'occasione di crescita.

Quella che a volte è la difficoltà a fare dialogare saperi disciplinari diversi, con sguardi e linguaggi diversi, è per altro la difficoltà a fare dialogare e comporre visioni del mondo non scontatamente vicine tra persone diverse quali sono i docenti con i loro individuali portati di vita. Quindi, a patto che molto si lavori al dialogo, garantendo agli studenti un binario riconoscibile entro cui fare l'esperienza di laboratorio, è comunque interessante allenare gli stessi studenti – e allo stesso tempo allenandoci noi docenti con loro - a muoversi all'interno di uno spazio eterogeneo in cui imparare a restare orientati e focalizzati. Uno spazio eterogeneo contiene anche le differenze e qualche inevitabile contraddizione, tuttavia tutto questo avviene dentro un laboratorio didattico, che è un luogo protetto adatto alla sperimentazione. Inoltre, il senso di mal di mare che a volte può essere vissuto in un logo così eterogeneo, perché contiene molte cose diverse, è uno stato temporaneo che ci avvicina a come ordinariamente percepiamo il mondo, e che può essere utilizzato proprio per allenare abilità strategiche come la disponibilità al **confronto**, il **contenimento** di ciò che mi appare come diverso, la capacità di **utilizzare tutto**.

E' stato molto interessante per me tenere l'attenzione sulla linea invisibile che segna fin dove può spingersi il discente per restare in equilibrio e fin dove può spingersi il docente per non vanificare i compiti del suo ruolo. Nella relazione educativa è necessario far spostare l'allievo dalle sue postazioni comode, ovvero dai suoi saperi o saper fare consolidati, spingendolo nei territori incerti della scoperta, ma garantendogli una sponda, un contenimento. [190] In un momento in cui ho percepito in aula la difficoltà a sentire da parte degli studenti che ci fosse un binario entro il quale li stavamo portando, ho fatto un'interessante sperimentazione che mi ha dato la possibilità di aiutarli ad allargare le loro cornici mentali per poter contenere le differenze. L'esperimento è stato il seguente: in un momento di revisione collegiale (tutti i gruppi di studenti e tutti i docenti e i *tutor* d'aula) e in itinere (circa a metà corso) degli elaborati progettuali degli studenti, sono emerse alcune divergenze nelle indicazioni che i diversi docenti e *tutor* offrivano per l'avanzamento dei progetti. Allora ho pensato di uscire dal disagio che questo provocava e dalla relativa situazione di stallo, chiedendo a tutti la disponibilità a fare un "gioco di ruoli". Ho chiesto in modo palese a tutti i docenti e *tutor* lì presenti di estremizzare le posizioni assunte e, per chi non ne avesse già manifestato, di sceglierne una. In questo modo ognuno avrebbe impersonato un punto di vista, che, per assunto, sarebbe stato estremo (ovvero puro e senza mediazioni) e tipizzato; tutti questi punti di vista avrebbero rappresentato altrettanti tipi specifici di approccio alla realtà, ovvero specifiche "intelligenze" (l'intelligenza astratta, l'intelligenza pragmatica, l'intelligenza normativa, l'intelligenza del buon senso, etc.). Abbiamo giocato in aula facendo la revisione collegiale dei progetti, personificando

---

[190] P. Paoletti, A. Selvaggio, *Mediazione*, cit.

ognuno di noi docenti e *tutor* in forma palese tali ruoli/intelligenze. Abbiamo quindi stimolato gli studenti a guardare le osservazioni e i suggerimenti da noi addotti, con uno sforzo di **ascolto attivo** e di **mediazione**. In questo modo le osservazioni fatte ai progetti, e la loro parzialità, molteplicità e apparente contraddittorietà, avrebbero potuto essere potenzialmente composte in una sintesi superiore, cogliendo gli aspetti costruttivi derivanti delle differenti intelligenze proposte nel gioco. **(ESPERIENZA 17: Molte intelligenze)** Credo che il gioco abbia funzionato, valutando che i tempi di maturazione derivanti dagli stimoli possono variare molto da persona a persona; tuttavia è stato possibile superare un momento di difficoltà espresso dal gruppo aula, e per i docenti acuire l'ingegno e l'attenzione. Da questa esperienza ho intuito le potenzialità didattiche - e non solo - contenute in un lavoro di disarticolazione strumentale delle **competenze/intelligenze** di un gruppo aula e quelle contenute in ognuno, per accedere a più alti e complessi livelli di comprensione, e quindi di armonizzazione dei punti di vista e degli apporti molteplici in funzione della creatività, individuale e di gruppo.

Sulle diverse intelligenze e sulle competenze strategiche per la vita contemporanea è oggi disponibile un ricco panorama di studi e di tesi interessanti. Si sono occupati di questi temi autori come Edgar Morin[191] e Howard Gardner[192], definendo in maniera operativa quali siano le *formae mentis* efficaci per gestire i cambiamenti epocali che stiamo vivendo. Tali cambiamenti richiedono nuove forme e nuovi processi educativi, un nuovo impegno a coltivare e sviluppare alcune intelligenze strategiche. Gardner ha proposto la teoria delle "intelligenze multiple" secondo cui tutti gli esseri umani possiedono

---

[191] Rispondendo a una richiesta dell'UNESCO Edgar Morin propone una "riforma del pensiero" i cui contenuti sono esposti nel suo libro *I sette saperi necessari all'educazione del futuro*, Raffaello Cortina editore, Milano 2001 (Paris, UNESCO 1999).

[192] Howard Gardner ha pubblicato diversi libri sugli esiti delle ricerche da lui condotte nell'ambito delle scienze cognitive e dell'educazione e sui meccanismi dell'apprendimento, tra cui *Cinque chiavi per il futuro*, Feltrinelli, Milano 2009 (Boston 2006).

un certo numero di abilità cognitive relativamente indipendenti. Le cinque intelligenze definite da Gardner non coincidono con le abilità che caratterizzano l'uomo, e sono, più che delle abilità specifiche, delle mentalità complessive, e ciascuna poggia sulle numerose abilità di cui ognuno dispone. Le cinque intelligenze o mentalità sono: disciplinare, sintetica, creativa, rispettosa, etica.

Morin, invece, definisce i saperi necessari e li enuncia e spiega come sette temi che devono diventare fondamentali nell'insegnamento, poiché permetteranno di integrare le discipline esistenti e stimoleranno lo sviluppo di una coscienza capace di raccogliere le sfide del nostro mondo contemporaneo e del prossimo futuro. Si tratta di sette problemi fondamentali, per lo più ignorati nell'ordinarietà dei percorsi formativi in uso, e sono: la cecità della conoscenza, i principi di una conoscenza pertinente, insegnare la condizione umana, insegnare l'identità terrestre, affrontare le incertezze, insegnare la comprensione, l'etica del genere umano.

Anche sul fronte della scuola la nuova impostazione pedagogica è incentrata sulle competenze e le indicazione del Parlamento Europeo per i sistemi scolastici parlano di trasmissione agli studenti delle competenze-chiave di cittadinanza, declinate in otto tipologie fondamentali, poi tradotte in Italia con leggere differenze.[193]

Occorre che anche noi all'università, interrogandoci sul ruolo di questa istituzione oggi e sui modi e sulle strategie per svolgere efficacemente il nostro compito nell'odierna società, ripensiamo a come e a cosa insegnare, a come essere educatori, e in questo occorre che ci relazioniamo in un confronto costruttivo con la scuola e con le profonde trasformazioni che la stanno attraversando.[194] Siamo su una

---

[193] Raccomandazione del Parlamento e del Consiglio Europeo del 18 dicembre 2006 (2006/962/CE) relativa a competenze chiave per l'apprendimento permanente.

[194] Irene Baldriga, nel suo articolo *La periodizzazione tra acquisizione dei saperi e didattica per competenze. L'insegnamento della storia dell'arte nella scuola, verso Europa 2020* (intervento al Convegno CUNSTA - Consulta Universitaria Nazionale per la Storia dell'Arte, *Fare la Storia dell'Arte oggi. La prospettiva storica. Ipotesi di discussione e rifondazione,*1 marzo 2013, Milano, Università Cattolica del Sacro

soglia, nel mezzo di un cambiamento che coinvolge necessariamente anche il nostro modo di comunicare il sapere, e proprio come nel Rinascimento si modificano gli statuti medievali della conoscenza e della trasmissione di quella, attraverso il rinnovamento dell'istituzione universitaria e della pratica della formazione medievali, allo stesso modo oggi, con l'avvento della nuova era salutata come età della conoscenza, la nostra università e l'istituzione scolastica nel suo insieme hanno un compito e una responsabilità strategica e devono mettere in atto tutta la sensibilità e la creatività necessarie per rinnovarsi profondamente.

Guardando come a dei livelli di funzionamento, se in alto stanno i tre cervelli - rettile, limbico e corticale - che compongono la struttura del "cervello triunico", e le competenze dei due lobi - destro e sinistro - connessi dal corpo calloso nel "cervello lateralizzato" degli umani, a un livello sottostante troviamo le abilità cognitive di cui parlano Gardner, Morin, il Parlamento Europeo, e sotto ancora stanno le conoscenze, i saperi, le competenze e le abilità. Rispetto a queste ultime e al modo di renderle visibili in forma di mappa ho iniziato a sperimentare in aula la proposta teorica e operativa di Michel Authier e Pierre Lévy, gli "alberi di conoscenze".[195] **(ESPERIENZA 5: Alberi di conoscenze)**

Cuore), riportato sul sito internet dell'ANISA – Associazione Nazionale Insegnanti di Storia dell'Arte, scrive: «*Per volontà esogena, sostanzialmente innescata dalle politiche educative europee e dalla globalizzazione, la scuola ha avviato da tempo – ed ora è giunta al punto di svolta – un ripensamento complessivo del proprio assetto e dei propri obiettivi. Si scardina l'impostazione gentiliana di un Liceo che strutturalmente prepara e anticipa l'Università, con la conseguenza che l'Università non ha più modo di adagiarsi sulla formazione pregressa del discente, almeno sotto il profilo dell'acquisizione dei contenuti. Addirittura, le discipline divengono strumenti flessibili nelle mani degli educatori, modellate al fine di istruire gli allievi nell'esercizio del fare, con il risultato auspicabile che – nei casi migliori – le scuole diventino laboratori creativi di saperi originali e non imposti. Su tali questioni è urgente invocare un confronto di alte vedute e di concreto impatto, per evitare l'isolamento degli studi universitari – specialmente quelli di orientamento umanistico – e per elaborare nuovi progetti formativi realmente efficaci e al contempo adeguati al Nuovo che avanza.*»
[195] M. Authier, P. Lévy, *Gli alberi di conoscenze*, cit.

Lévy e Authier, immaginando agli inizi degli anni Novanta gli "alberi di conoscenze", creano un dispositivo originale di riconoscimento delle competenze degli individui e uno strumento dinamico per sviluppare la condivisione delle conoscenze in un gruppo. L'idea è che «nessuno conosce tutto, ma tutti conoscono qualcosa e ognuno può arricchirsi delle conoscenze degli altri». L'etica dell'**intelligenza collettiva** mette l'individuo al servizio della comunità, facilitandone allo stesso tempo la sua piena espressione, e si basa sul modello dell'apprendimento cooperativo dove l'accesso al sapere è concepito come accesso al sapere di tutti e dove lo scambio della conoscenza diventa una nuova forma di legame sociale: ciascun essere umano è per gli altri una fonte di conoscenze. La reciproca moltiplicazione delle intelligenze può costituire una delle vie al rinnovamento della democrazia: una società "intelligente ovunque" sarà sempre più efficace di una governata soltanto in modo intelligente.

Nella prospettiva di valorizzare l'intelligenza collettiva si colloca anche l'esperienza del Piano di Gestione del sito UNESCO dei Sassi di Matera, dove abbiamo sperimentato forme di coinvolgimento dei cittadini puntando sull'idea che ognuno è **"portatore di sapere"**.[196]

Un'ultima considerazione riguarda il cambiamento in relazione alle condizioni odierne, dalle riforme del sistema universitario al più generale sistema Europa e sistema mondo. Nella vita accademica siamo chiamati a confrontarci con un'organizzazione a maglie sempre più strette e con criteri standardizzati di monitoraggio del nostro operare, in una logica che sembra incentivare la competizione; tuttavia questa stessa condizione ci fa valutare come vitale proprio il principio opposto, ovvero la cooperazione e l'implementazione della rete di relazioni. Per lo stesso motivo le opportunità di crescita sono connesse con la capacità di produrre un sapere sempre più trasversale, dialogante tra le specificità disciplinari consolidate di cui valorizzare le differenze, e disponibile ad accogliere nuovi saperi emergenti.

La proposta degli "alberi di conoscenze", a cui si può associare quella

---

[196] A. Colonna, D. Fiore, *Piano di gestione del sito UNESCO dei Sassi e delle Chiese Rupestri di Matera* (di prossima pubblicazione).

provocatoria di Ermanno Bencivenga contenuta nel suo *Manifesto per un mondo senza lavoro*[197], è interessante anche in prospettiva di una radicale trasformazione del sistema di riconoscimento del sapere, e costituisce uno stimolante terreno di ragionamento per ripensare oggi il ruolo dell'università in relazione al sistema di produzione, di trasmissione e di certificazione del sapere.

Sul fronte Europa, e più in generale mondo, ci sembra di vivere una crisi strutturale, comunque un moto di riassestamento nel quale cambiano gli equilibri a cui siamo abituati. Anche in questo caso l'opportunità per il vecchio continente sta nella capacità di contribuire all'elaborazione di visioni per un futuro sostenibile per l'umanità.[198] Al centro la conoscenza, che è **capacità relazionale**, e la comprensione che in noi agiscono forze diverse da mettere in relazione tra loro.

Nei documenti dell'UNESCO prodotti dall'elaborazione teorica e operativa intorno al tema del patrimonio dell'umanità emerge in questi ultimi decenni una nuova attenzione a cogliere il nesso tra la materialità e l'immaterialità, il tangibile e l'intangibile, cercando lo "spirito dei luoghi" e la "relazione spirituale con la natura". Mi sembra una indicazione da approfondire, per imparare a usare la forza della relazione tra queste due parti, con cui superare la contrapposizione e contenere la complessità, per affrontare le nuove sfide del futuro.

Dunque, e in questa accezione, dobbiamo mettere al centro la conoscenza. Illuminare sotto questa luce il ruolo che ancora può avere l'università per contribuire ad orientare il cambiamento ci posiziona e ci carica di responsabilità, rinnovando l'entusiasmo e la tenacia per continuare a provarci.

---

[197] E' il titolo del suo libro, edito da Edizioni per la decrescita felice nel 2012.

[198] P. Paoletti, *21 minuti*, cit.

5.9 *Schede di lavoro: esperienze di didattica della storia nel Laboratorio di Genealogia dell'Architettura*

Le diciannove schede di "esperienze" sono pensate come strumenti di lavoro poiché contengono le procedure sperimentate nell'ambito del Laboratorio di Genealogia dell'Architettura nel quinquennio 2008-2013.

Le diciannove schede contengono le esperienze da me progettate nell'ambito del modulo didattico di Storia dell'Architettura all'interno del Laboratorio, e in alcuni casi realizzate in collaborazione con altri moduli didattici o con il coinvolgimento di altri ambiti disciplinari.

Tali esperienze sono raggruppate per categorie: **esercizi**, **seminari**, **viaggi**, **revisioni**, **elaborazioni finali**. Il tratto comune a tutte le categorie è la forma laboratoriale, interattiva ed esperienziale.

In ogni esperienza si realizza un percorso per cui si definiscono l'**obiettivo formativo** e i **risultati attesi**, nella consapevolezza che il processo di apprendimento può essere facilitato dalla costruzione di un **contesto**, di un **clima**, di una **procedura** finalizzati all'**esplorazione**, alla **verifica** e alla **ricapitolazione** per la stabilizzazione del risultato conseguito. In ogni scheda sono annotati i **riferimenti teorici** che hanno stimolato l'ideazione dell'esperienza e i **metodi di facilitazione** utilizzati con il gruppo aula nella realizzazione della stessa. La bibliografia rimanda sia ai riferimenti teorici che, in alcuni casi, ai materiali di studio intorno a cui ruota l'esperienza. Con riferimenti teorici intendo un materiale vario che volta per volta è stato per me spunto, suggestione, stimolo per cortocircuiti mentali, o suggerimento pratico nell'ideazione dell'esperienza e nella costruzione della procedura, e di cui ho fatto un uso strumentale. Ho ritenuto di lasciare traccia anche di questi personali percorsi mentali, oltre ad annotare precisi riferimenti metodologici e procedurali.

Quanto alla relazione tra le diciannove esperienze e la Storia dell'Architettura, il tratto comune deriva dall'utilizzo dell'approccio storiografico nella comprensione dei fenomeni, e principalmente dal presupposto che la **costruzione del senso** derivi dall'intreccio di più piani (linguaggio disciplinare, contesto ambientale, episteme). Il filo rosso consiste proprio nel fatto che al centro viene posta la questione del senso, che è sempre in relazione con più contesti. Se la storiografia interpreta i contesti per ricostruire il senso dell'opera, anche la costruzione del senso nel progetto si alimenta dell'interpretazione dei contesti, quasi con un'azione inversa a quella compiuta dallo storico, ma per certi versi simmetrica.

Inoltre, il percorso allena a un confronto critico e sensibile con il patrimonio storico, che può essere usato come archivio in cui trovare **esperienze esemplari** e **testimonianze di eccellenza** a cui attingere per nutrire e arricchire l'esperienza progettuale con modelli di procedure, di sensibilità, di forme, di funzionamenti, o di altro ancora.

ESERCIZI

1) *I cinque sensi e le mie più antiche memorie di "casa"*
2) *Il cubo prospettico (la scatola prospettica)*
3) *L'albero genealogico familiare e dei luoghi dell'abitare*
4) *Intervista al committente (il gioco dei perché)*
5) *Alberi di conoscenze*
6) *Riflessione sul valore universale dei Sassi di Matera*
7) *I quattro elementi di Semper*

SEMINARI

8) *Armonia 1*
9) *Armonia 2*

VIAGGI

10) *Venezia nel Rinascimento e il carattere: il gioco dei riconoscimenti*
11) *Matera e il carattere: il gioco dei riconoscimenti*
12) *Adriano, la villa, il cielo*

REVISIONI

13) *Abitare/architettura/luogo*
14) *Forma/funzionamento/essenza*
15) *Uomo/terra/cielo: le scale dell'architettura*
16) *Terrapieno/recinto/tetto/focolare*
17) *Molte intelligenze*

ELABORAZIONI FINALI

18) *Genealogia del percorso formativo*
19) *Genealogia del percorso progettuale*

| Esperienza n° 1 | Esercizio | La casa |

Titolo:
I cinque sensi e le mie più antiche memorie di "casa"

Obiettivo:
fare esperienza di ricognizione della genesi delle proprie idee radicate e delle proprie convinzioni; esplorare le origini della propria idea/sensazione di "casa"; iniziare a esplorare il tema dell'abitare a partire dalle proprie esperienze e memorie più antiche.

Procedura:
Passo 1: ricerca individuale delle memorie sensoriali più antiche legate alla sensazione di "casa", e scelta di cinque cose/oggetti che veicolano quelle memorie collegate ai cinque sensi.

Passo 2: allestimento della mostra delle cose/oggetti e fruizione della mostra attraverso i cinque sensi (vedo, annuso, gusto, ascolto, tocco).

Passo 3: condivisione nel gruppo aula delle memorie attivate dalle percezioni sensoriali prodotte dalla mostra, e della scoperta, attraverso le memorie sensoriali, di appartenenza a gruppi che hanno memorie comuni con le mie.

Passo 4: condivisione delle comprensioni e degli apprendimenti raggiunti e definizione dell'utilizzo di questi nel proseguimento del lavoro di laboratorio.

Presupposti teorici e metodi:
- Archeologia del sapere (Michel Foucault)
- Archivio della memoria
- Atlante della memoria (Aby Warburg)
- Genealogia (Friedrich Nietzsche)
- Pedagogia per il terzo millennio – Osservazione (Patrizio Paoletti)
- Psicogenealogia
- Ricerca del tempo perduto (Marcel Proust)
- Teatro della memoria (Giulio Camillo Delminio)
- *Wunderkammer*

Risultati attesi:
acquisizione di capacità a riconoscere i propri costrutti mentali; scoperta dei radicamenti su cui si è costruita la propria idea incarnata di "casa", per progettare utilizzando questa consapevolezza.

Ambiti disciplinari coinvolti (progetto e facilitazione dell'esercizio/ esperienza):
Storia dell'Architettura

Materiali di lavoro (schede, mappe, immagini, questionari):

Bibliografia:
- L. Bolzoni, *Il teatro della memoria. Studi su Giulio Camillo*, Liviana, Padova 1984
- L. Bolzoni, *La stanza della memoria. Modelli letterari e iconografici nell'età della stampa*, Einaudi, Torino 1995
- K. W: Forster, K. Mazzucco (a cura di M. Centanni), *Introduzione a Aby Warburg e all'Atlante della Memoria*, Mondadori, Milano 2002
- M. Foucault, *L'archeologia del sapere. Una metodologia per la storia della cultura*, Rizzoli, Milano 1999 (Paris 1969)
- A. Jodorowsky, *La danza della realtà*, Feltrinelli, Milano 2004
- C. Jodorowsky, *Il collare della tigre. Autobiografia psicomagica di uno sciamano occidentale*, Milano 2008 (Cristobal Jodorowsky 2007)
- F. Nietzsche, *Genealogia della morale. Uno scritto polemico*, Adelphi, Milano 2007 (Leipzig 1887)
- P. Paoletti, A. Selvaggio, *Osservazione*, Edizioni 3P, Bastia Umbra (PG) 2011
- G. Perec, *Specie di spazi*, Bollati Boringhieri, Torino 1996 (Paris 1974)
- M. Proust, *Alla ricerca del tempo perduto*, Einaudi, Torino 1978 (Paris 1913-1927)

Esperienza n° 2 **Esercizio** Lo spazio

Titolo:
Il cubo prospettico (la scatola prospettica).

Obiettivo:
comprensione del punto di vista, comprensione della relazione tra la rappresentazione dello spazio e l'episteme, comprensione della prospettiva come forma simbolica.

Procedura:
Passo 1: esercizio individuale di disegno dal vero in prospettiva intuitiva di un interno di ambiente costruito.
Passo 2: lezione frontale sulla prospettiva come forma simbolica, da Panofsky.
Passo 3: nel gruppo aula, utilizzando le comprensioni e gli apprendimenti conseguiti con l'esercizio di disegno dal vero e dalla lezione frontale sulla prospettiva come forma simbolica, esercizio di riconoscimento delle differenze tra il dipinto di Antonello da Messina e l'incisione di Durer che rappresentano lo stesso tema di S. Girolamo nello studio.
Passo 4: revisione collettiva dei disegni eseguiti e condivisione delle comprensioni e degli apprendimenti raggiunti.

Presupposti teorici e metodi:
• Iconologia
• Pedagogia per il terzo millennio - Traslazione (Patrizio Paoletti)
• Teoria dei gruppi e teoria dei tipi logici

Risultati attesi:
comprensione che anche il modo/strumento "tecnico" di rappresentazione dello spazio veicola simbolicamente modelli mentali, paradigmi, significati in relazione a un contesto geostorico.

Ambiti disciplinari coinvolti (progetto e facilitazione dell'esercizio/ esperienza):
Storia dell'Architettura, Disegno dell'Architettura

Materiali di lavoro (schede, mappe, immagini, questionari):

Immagini di lavoro:

Antonello da Messina,
San Girolamo nello studio, 1474-75

Albrecht Dürer
San Girolamo nello studio, 1521

Bibliografia:
• E. Panofsky, *La prospettiva come forma simbolica*, Feltrinelli, Milano 1984 (Leipzig-Berlin 1927)
• P. Paoletti, A. Selvaggio, *Traslazione*, Edizioni 3P, Bastia Umbra (PG) 2012
• P. Watzlawick , J. H. Weakland, R. Fisch, *Change. Sulla formazione e la soluzione dei problemi*, Astrolabio, Roma 1974 (New York 1974)

Titolo:
L'albero genealogico familiare e dei luoghi dell'abitare

Obiettivo:
comprensione di essere prodotti da una genealogia attraverso delle eredità (il nome, il carattere, le passioni e le curiosità, il mestiere, le idee, …). Comprensione del radicamento nei luoghi e della radice della familiarità dei luoghi.

Procedura:
Passo 1: costruzione individuale del proprio albero genealogico familiare (almeno fino ai bisnonni) con informazioni relative ai dati anagrafici, ai tratti del carattere, all'attività lavorativa, al luogo dell'abitare di ogni componente, attraverso la raccolta di testimonianze, racconti e fotografie.
Passo 2: condivisione in aula delle scoperte, delle conoscenze acquisite e delle consapevolezze raggiunte circa gli aspetti ereditati dal proprio albero.
Passo 3: mappatura individuale delle città e dei luoghi delle città dove hanno vissuto, abitato e lavorato i componenti del proprio albero genealogico.
Passo 4: condivisione in aula delle scoperte, delle conoscenze acquisite e delle consapevolezze raggiunte circa il proprio albero genealogico dei luoghi dell'abitare, alla radice della familiarità dei luoghi e del radicamento nei luoghi.
Passo 5: allestimento in aula di una mostra degli elaborati prodotti, illustrazione e condivisione delle comprensioni e degli apprendimenti raggiunti.

Presupposti teorici e metodi:
• Archeologia del sapere (Michel Foucault)
• Archivio della memoria
• Atlante della memoria (Aby Warburg)
• Genealogia (Friedrich Nietzsche)
• Immagine della città (Kevin Lynch)
• Pedagogia per il terzo millennio - Osservazione (Patrizio Paoletti)
• Psicogenealogia
• Ricerca del tempo perduto (Marcel Proust)

- Teatro della memoria (Giulio Camillo Delminio)
- Teoria dei gruppi e teoria dei tipi logici
- *Wunderkammer*

Risultati attesi:
mappatura delle proprie radici e comprensione della genesi dei propri modelli mentali e del senso di familiarità e appartenenza ai luoghi; acquisizione di maggiore radicamento (il passato) per proiettarsi verso il futuro (il progetto).

Ambiti disciplinari coinvolti (progetto e facilitazione dell'esercizio/ esperienza):
Storia dell'Architettura, Urbanistica

Materiali di lavoro (schede, mappe, immagini, questionari):

Bibliografia:
- W. Benjamin, *Parigi capitale del XIX secolo. I "passages" di Parigi*, Einaudi, Torino 1986 (Frankfurt am Main 1982)
- L. Bolzoni, *Il teatro della memoria. Studi su Giulio Camillo*, Liviana, Padova 1984
- L. Bolzoni, *La stanza della memoria. Modelli letterari e iconografici nell'età della stampa*, Einaudi, Torino 1995
- I. Farè (a cura di), *Il discorso dei luoghi. Genesi e avventure dell'ordine moderno*, Liguori, Napoli 1992
- K. W. Forster, K. Mazzucco (a cura di M. Centanni), *Introduzione a Aby Warburg e all'Atlante della Memoria*, Mondadori, Milano 2002
- M. Foucault, *L'archeologia del sapere. Una metodologia per la storia della cultura*, Rizzoli, Milano 1999 (Paris 1969)
- A. Jodorowsky, *La danza della realtà*, Feltrinelli, Milano 2004
- C. Jodorowsky, *Il collare della tigre. Autobiografia psicomagica di uno sciamano occidentale*, Milano 2008 (Cristobal Jodorowsky 2007)
- K. Lynch, *L'immagine della città*, Marsilio, Venezia 1975 (Harvard-MIT 1960)
- F. Nietzsche, *Genealogia della morale. Uno scritto polemico*, Adelphi, Milano 2007 (Leipzig 1887)
- P. Paoletti, A. Selvaggio, *Osservazione*, Edizioni 3P, Bastia Umbra (PG) 2011
- G. Perec, *Specie di spazi*, Bollati Boringhieri, Torino 1996 (Paris 1974)
- M. Proust, *Alla ricerca del tempo perduto*, Einaudi, Torino 1978 (Paris 1913-1927)
- P. Watzlawick, J. H. Weakland, R. Fisch, *Change. Sulla formazione e la soluzione dei problemi*, Astrolabio, Roma 1974 (New York 1974)

Esperienza n° 4	Esecizio	L'abitare

Titolo:
Intervista al committente: il gioco dei perché

Obiettivo:
comprensione dell'azione svolta dall'abitudine e dai modelli mentali su quanto indichiamo come personali esigenze; comprensione dei diversi livelli rintracciabili nelle richieste e aspettative: dal piano dei bisogni, a quello dei desideri, a quello delle aspirazioni.

Procedura:
Passo 1: scelta del committente per il progetto di una casa per tre studenti (i tre studenti componenti del gruppo di lavoro, o tre studenti componenti di un altro gruppo di lavoro).

Passo 2: intervista ai tre committente da parte dei progettisti con domande circa cosa desiderano per la casa in cui coabiteranno.

Passo 3: nell'intervista incalzare gli intervistati attraverso l'investigazione progressiva sul perché della risposta precedente, approfondendo dal piano dei bisogni a quello dei desideri per arrivare a contattare le aspirazioni.

Passo 4: nel gruppo committenti-progettisti condivisione delle richieste e delle aspettative concordate per il progetto della casa e sottolineatura delle motivazioni profonde; condivisione delle comprensioni raggiunte e del processo.

Passo 5: nel gruppo aula condivisione delle comprensioni e degli apprendimenti raggiunti e definizione dell'utilizzo di questi nel proseguimento del lavoro di laboratorio.

Presupposti teorici e metodi:
• Apprendimento organizzativo
• Ascolto attivo
• Gioco dei perché
• Pedagogia per il terzo millennio-Mediazione (Patrizio Paoletti)
• Pensiero riflessivo
• Teoria dei gruppi e teoria dei tipi logici

Risultati attesi:
definizione di alcuni elementi su cui basare il progetto della casa; comprensione della differenza tra bisogni, desideri e aspirazioni; comprensione della possibilità di tarare il progetto e il lavoro di progettazione su diversi livelli di consapevolezza e di comprensione delle motivazioni delle proprie richieste e aspettative.

Ambiti disciplinari coinvolti (progetto e facilitazione dell'esercizio/ esperienza):
Storia dell'Architettura

Materiali di lavoro (schede, mappe, immagini, questionari):

Bibliografia:
- P. Paoletti, A. Selvaggio, *Mediazione*, Edizioni 3P, Bastia Umbra (PG) 2011
- D. A. Schon, *Il professionista riflessivo. Per una nuova epistemologia della pratica professionale*, Dedalo, Bari 1993 (New York 1983)
- P. M. Senge, *La quinta disciplina. L'arte e la pratica dell'apprendimento organizzativo*, Sperling & Kupfer Editori, Milano1995 (New York 1990)
- P. Watzlawick, J. H. Weakland, R. Fisch, *Change. Sulla formazione e la soluzione dei problemi*, Astrolabio, Roma 1974 (New York 1974)

Titolo:
Alberi di conoscenze

Obiettivo:
aumento della consapevolezza del proprio sapere e del sapere del gruppo, aumento della consapevolezza del vantaggio della cooperazione, riconoscimento di ognuno come "portatore di saperi" e comprensione che " l'altro è la mia espansione neurale".

Procedura:
Passo 1: costruzione individuale del proprio albero delle conoscenze.
Passo 2: condivisione nel gruppo aula delle scoperte e del risultato prodotto.
Passo 3: confronto nel gruppo aula e costruzione dell'albero delle conoscenze del gruppo.
Passo 4: condivisione delle comprensioni e degli apprendimenti raggiunti e definizione dell'utilizzo che il gruppo farà dell'albero costruito.

Presupposti teorici e metodi:
• Alberi di conoscenze (Michel Authier e Pierre Lévy)
• Apprendimento organizzativo
• *Lifelong learning*
• Manifesto per un mondo senza lavoro (Ermanno Bencivenga)
• Pedagogia per il terzo millenni- Mediazione (Patrizio Paoletti)
• Teoria dei gruppi e teoria dei tipi logici

Risultati attesi:
acquisizione di capacità a riconoscere i propri saperi e quelli degli altri; acquisizione di competenze di mappatura delle proprie conoscenze e mappatura delle conoscenze del gruppo per accrescere la cooperazione e la creatività di gruppo.

Ambiti disciplinari coinvolti (progetto e facilitazione dell'esercizio/ esperienza):

Materiali di lavoro (schede, mappe, immagini, questionari):

Bibliografia:

- M. Authier, P. Lévy, *Gli alberi di conoscenze. Educazione e gestione dinamica delle competenze*, Feltrinelli, Milano 2000 (Paris 1992)
- E. Bencivenga, *Manifesto per un mondo senza lavoro*, Roma 2012
- H. Gardner, *Cinque chiavi per il futuro*, Feltrinelli, Milano 2009 (Boston 2006)
- D. Goleman, *Intelligenza sociale*, Rizzoli, Milano 2006 (New York 2006)
- E. Morin, *I sette saperi necessari all'educazione del futuro*, Raffaello Cortina editore, Milano 2001 (Paris, UNESCO 1999)
- P. Paoletti, A. Selvaggio, *Mediazione*, Edizioni 3P, Bastia Umbra (PG) 2011
- D. A. Schon, *Il professionista riflessivo. Per una nuova epistemologia della pratica professionale*, Dedalo, Bari 1993 (New York 1983)
- P. M. Senge, *La quinta disciplina. L'arte e la pratica dell'apprendimento organizzativo*, Sperling & Kupfer Editori, Milano 1995 (New York 1990)
- P. Watzlawick, J. H. Weakland, R. Fisch, *Change. Sulla formazione e la soluzione dei problemi*, Astrolabio, Roma 1974 (New York 1974)

Titolo:
Riflessione sul valore universale dei Sassi di Matera

Obiettivo:
comprensione dei livelli sottili di significato di un luogo, della sua essenza, del suo carattere, dei suoi valori; comprensione della scala dei valori e di cosa sia la scala universale dei valori di un luogo.

Procedura:
Passo 1: lettura del testo proposto (i valori dei Sassi di Matera riconosciuti dall'UNESCO per l'inserimento del sito nella Lista del Patrimonio Mondiale) diviso in singole frasi, e riflessione individuale per alcuni minuti su ognuna di esse, cercando di penetrare il senso, e annotazione delle considerazioni che ne derivano.

Passo 2: condivisione e discussione nel gruppo aula circa le comprensioni, e dettaglio attraverso l'uso di parole chiave.

Passo 3: nel gruppo aula costruzione di una mappa dei caratteri dei Sassi di Matera attraverso le comprensioni scaturite dal testo proposto.

Passo 4: condivisione delle comprensioni e degli apprendimenti raggiunti (elenco di parole chiave, raggruppamenti, relazioni, sintesi) e definizione dell'utilizzo che il gruppo ne farà attraverso la programmazione di azioni nel proseguimento del lavoro di Laboratorio.

Presupposti teorici e metodi:
• Archivio della memoria
• Ascolto attivo
• Atlante della memoria (Aby Warburg)
• *Brainstorming*
• Immagine della città (Kevin Lynch)
• Pedagogia per il terzo millennio - Osservazione (Patrizio Paoletti)
• Pensiero riflessivo
• Riflessione meditativa

- *Wunderkammer*

Risultati attesi:
acquisizione di strumenti e allenamento della sensibilità per indagare ed estrarre il carattere, l'essenza, i valori di un luogo; indagine su come distillare dalla materialità del luogo l'essenza, e su come utilizzare l'essenza per dare forma significante a un oggetto architettonico.

Ambiti disciplinari coinvolti (progetto e facilitazione dell'esercizio/ esperienza):
Storia dell'Architettura

Materiali di lavoro (schede, mappe, immagini, questionari):

Scheda di lavoro:

---

testo estratto dalla relazione della commissione UNESCO per l'inserimento dei Sassi di Matera nella lista del patrimonio mondiale

Il quartiere dei Sassi di Matera è su lungo periodo, il migliore e più completo esempio di popolamento in armonia con l'ecosistema, in una regione del bacino del Mediterraneo.

L'insieme dei Sassi e del Parco archeologico e naturale delle Chiese Rupestri di Matera costituisce una testimonianza unica dell'attività umana.

Il preminente valore universale deriva dalla simbiosi fra le caratteristiche culturali e naturali del luogo.

I Sassi ed il Parco di Matera sono un notevole esempio di insediamento rupestre perfettamente adattato al contesto geomorfologico e all'ecosistema attraverso una continuità di oltre due millenni.

La città ed il Parco sono un notevole esempio di complesso architettonico e paesaggistico che illustra un numero significativo di stadi della storia dell'umanità.

La città ed il Parco sono un notevole esempio di insediamento umano e di uso del territorio tradizionali che mostrano l'evoluzione di una cultura che ha mantenuto nel tempo relazioni armoniose con l'ambiente naturale.

I Sassi di Matera costituiscono un insieme architettonico e urbano di qualità eccezionale. Il nome stesso del sito traduce il suo aspetto specifico e spettacolare.

I Sassi, - che vuol dire pietre, rocce - sono un sistema abitativo creato nella materia geologica stessa. In una roccia calcarea, localmente chiamata tufo lungo i pendii di un profondo vallone dalle caratteristiche naturali singolari e grandiose, la Gravina.

In geografia le gravine sono dei canyon a forma di crepaccio dalle pareti scoscese e distanti tra loro, scavate nei calcari che raccolgono abbondanti acque solo in periodi piovosi e sono drenati da corsi d'acqua quasi inesistenti a carattere torrentizio.

Negli aridi altopiani e terrazzamenti formati da calcari compatti, chiamati Murge, delle regioni della Puglia e della Lucania nell'Italia meridionale, le gravine costituiscono uno spettacolare esempio di valli di erosione, accidenti geologici le cui caratteristiche naturali ricche di fenomeni e aspetti carsici (circolazione sotterranea delle acque, doline, conche, inghiottitoi e grotte) sono state utilizzate dall'umanità fin dalle epoche più lontane.

Nel corso del tempo i pendii della Gravina di Matera furono scavati, traforati e scolpiti per realizzare cunicoli, cisterne, ambienti ed elaborati complessi architettonici sotterranei.

I materiali di scavo, tagliati in blocchi quadrangolari (tufi), sono stati utilizzati per costruire muri a secco e terrazzamenti, strade e scalinate ed una architettura che risponde perfettamente alle condizioni climatiche e si compone in un originale tessuto urbano.

La città ha un andamento verticale lungo gironi degradanti sui bordi scoscesi del canyon dove i percorsi sono i tetti delle case sottostanti.

Le abitazioni si immergono nella parete rocciosa con profondi ambienti sotterranei e si aprono all'esterno con terrazzi e giardini pensili.

Raggruppate secondo unità abitative formano il vicinato, un modello esemplare di organizzazione comunitaria e di composizione architettonica studiata e portata ad esempio dalle moderne scienze sociali e urbane.

La totale integrazione tra il quadro naturale, l'immenso lavoro di scavo e l'architettura costruita fa dei Sassi di Matera un esempio straordinario di simbiosi tra il sito e l'intervento dell'uomo.

Bibliografia:

- W. Benjamin, *Parigi capitale del XIX secolo. I "passages" di Parigi*, Einaudi, Torino 1986 (Frankfurt am Main 1982)
- A. Colonna, D. Fiore, *Idee per un laboratorio partecipato*, in Comune di Matera, *Matera: i Sassi e il Parco della chiese rupestri. Verso il Piano di gestione del sito UNESCO*, Matera 2012
- D. Fiore, C. Montinaro, P. Merletto, *Bozza del Piano di gestione*, in Comune di Matera, *Matera: i Sassi e il Parco della chiese rupestri. Verso il Piano di gestione del sito UNESCO*, Matera 2012
- K. W. Forster, K. Mazzucco (a cura di M. Centanni), *Introduzione a Aby Warburg e all'Atlante della Memoria*, Mondadori, Milano 2002
- P. Laureano, *Iscrizione alla lista del patrimonio mondiale*, in Comune di Matera, *Matera: i Sassi e il Parco della chiese rupestri. Verso il Piano di gestione del sito UNESCO*, Matera 2012
- K. Lynch, *L'immagine della città*, Marsilio, Venezia 1975 (Harvard, MIT 1960)
- P. Paoletti, A. Selvaggio, *Osservazione*, Edizioni 3P, Bastia Umbra (PG) 2011
- D. A. Schon, *Il professionista riflessivo. Per una nuova epistemologia della pratica professionale*, Dedalo, Bari 1993 (New York 1983)

Titolo:
I quattro elementi di Semper

Obiettivo:
comprensione dell'esistenza di relazioni tra l'architettura e le strutture della realtà (i 4 elementi terra/acqua/aria/fuoco), tra l'artificio e la natura; indagine sugli elementi strutturanti dell'architettura, sulle sue forme/funzioni archetipiche.

Procedura:
Passo 1: nel gruppo aula, in cerchio, lettura in successione di una frase da parte di ogni studente fino a completare la lettura dell'intero testo (estratto da *I 4 elementi dell'architettura* di Gottfried Semper) per circa tre volte consecutive.

Passo 2: nel gruppo aula, condivisione attraverso la sottolineatura di passaggi e parole chiave del testo letto e discussione in forma di *counseling* filosofico (interpretazione attraverso il proprio vissuto e la propria esplorazione di temi esistenziali).

Passo 3: nel gruppo aula, esercizio di attribuzione, a una carrellata di architetture mostrate in immagine fotografica e disegnata, del carattere dominante di uno o più dei quattro elementi descritti nel testo letto: terrapieno, recinto, tetto, focolare.

Passo 4: nel gruppo aula, condivisione delle comprensioni e degli apprendimenti conseguiti e dell'utilizzo di questi per il progetto; programmazione delle azioni da intraprendere.

Presupposti teorici e metodi:
• Ascolto attivo
• *Counseling* filosofico
• Gioco dei riconoscimenti
• Pedagogia per il terzo millennio - Osservazione (Patrizio Paoletti)
• Quattro elementi dell'architettura (Gottfried Semper)

- Quattro elementi: terra, acqua, aria, fuoco

Risultati attesi:
acquisizione di strumenti per indagare l'architettura nei suoi aspetti fondanti, ed esercizio a utilizzare gli elementi archetipici come categorie per comprendere il significato delle architetture e per progettare un oggetto architettonico; acquisizione dell'uso degli archetipi come strumento per collegare il significato con la forma in architettura.

Ambiti disciplinari coinvolti (progetto e facilitazione dell'esercizio/ esperienza):
Storia dell'Architettura

Materiali di lavoro (schede, mappe, immagini, questionari):

Scheda di lavoro:

Gottfried Semper, *I 4 elementi dell'architettura* - estratto (Heinz Quitzsch, *La visione estetica di Semper* seguito da Gottfried Semper, *I 4 elementi dell'architettura*, Jaca Book, Milano 1991, pp.206-207)

«Il primo segno del passaggio all'insediamento stabile, dopo la caccia, la lotta e la vita nomade nel deserto, oggi come allora, quando i primi uomini perdettero il Paradiso, è la costruzione del focolare e l'uso della fiamma che vivifica, riscalda e cuoce i cibi.

Attorno al focolare si raccoglievano i primi gruppi, si strinsero le prime alleanze, le primitive concezioni religiose si formularono come consuetudini culturali.

In tutte le fasi di sviluppo della società esso costituisce come un centro sacro, attorno al quale tutto si ordina e si configura.

E' il primo e il principale, l'elemento morale dell'architettura.

Attorno ad esso si concentrano altri tre elementi, in un certo qual modo le negazioni difensive, i protettori dei tre elementi naturali ostili al fuoco del focolare: il tetto, il recinto e il terrapieno.

In relazione al costituirsi delle associazioni umane, sotto i più diversi influssi dei climi, della natura del territorio, dei rapporti reciproci, e secondo le differenze delle caratteristiche razziali, le combinazioni con cui questi quattro elementi dell'architettura si fondevano, dovevano adattarsi, alcuni sviluppandosi maggiormente ed altri retrocedendo in seconda linea.

Anche le diverse capacità tecniche degli uomini vi si adeguavano: i lavori in ceramica e più tardi metallurgici e le arti a partire dal focolare, le opere idrauliche e in muratura dal terrapieno, i lavori in legno dal tetto e dai suoi accessori.

Ma quale tecnica originaria si sviluppò a partire dal recinto?

Niente altro che l'arte muraria, cioè degli intrecciatori di stuoie e dei tessitori di tappeti.»

Bibliografia:
- P. Paoletti, A. Selvaggio, *Osservazione*, Edizioni 3P, Bastia Umbra (PG) 2011
- H. Quitzsch, *La visione estetica di Semper*, seguito da G. Semper, *I 4 elementi dell'architettura*, Jaca Book, Milano 1991 (Berlin 1962)
- J. Rykwert, *La casa di Adamo in paradiso*, Mondadori, Milano 1977 (MoMA, New York 1972)
- J, Rykwert, *L'idea di città. Antropologia della forma urbana nel mondo antico*,

Adelphi, Milano 2002 (Amsterdam 1963)
- M. Serres, *Roma, il libro delle fondazioni*, Hopefulmonster, Firenze 1991 (Paris 1983)

Titolo:
Armonia 1

Obiettivo:
comprensione dello strumento della traslazione da un sapere disciplinare ad un altro; comprensione che ogni approccio disciplinare usa modi specifici per indagare le realtà, ma tutto converge verso un unico sapere; che tutto il sapere è utilizzabile se opportunamente interrogato.

Procedura:
Passo 1: lezioni frontali sul tema: la sezione aurea, l'accordatura pitagorica, l'ottava musicale.
Passo 2: nel gruppo aula, domande e dialogo con i relatori.
Passo 3: nel gruppo aula, condivisione delle comprensioni e degli apprendimenti raggiunti e definizione dell'utilizzo di questi nel proseguimento del lavoro di laboratorio.

Presupposti teorici e metodi:
• Ecologia della mente (Gregory Bateson)
• Pedagogia per il terzo millennio - Traslazione (Patrizio Paoletti)

Risultati attesi:
comprensione delle corrispondenze tra musica, matematica, architettura e regole della natura; acquisizione di strumenti per utilizzare nel progetto di architettura elementi conoscitivi acquisiti nei vari moduli del percorso formativo; allenamento a trovare relazioni strumentali tra saperi disciplinari diversi.

Ambiti disciplinari coinvolti (progetto e facilitazione del seminario/ esperienza):
Storia dell'Architettura, Analisi matematica, Geometria analitica, Storia della musica

Materiali di lavoro (schede, mappe, immagini, questionari):

Bibliografia:

- G. Bateson, *Verso un'ecologia della mente*, Adelphi, Milano 2001 (New York 1972)
- P. Paoletti, A. Selvaggio, *Traslazione*, Edizioni 3P, Bastia Umbra (PG) 2012

Titolo:
Armonia 2

Obiettivo:
comprensione dello strumento della traslazione da un sapere disciplinare ad un altro; comprensione che ogni approccio disciplinare usa modi specifici per indagare le realtà, ma tutto converge verso un unico sapere; che tutto il sapere è utilizzabile se opportunamente interrogato.

Procedura:
un percorso articolato in cinque incontri, ognuno diviso in due parti, una dedicata a incontrare due o più relatori, e una di esperienza con il gruppo aula sulla scorta delle sollecitazione pervenute dalle relazioni. Il ciclo di incontri è programmato nella seguente sequenza: primo incontro sulla percezione, per affrontare le scale del corpo e della terra, con un lavoro sul corpo e sull'arte, a cui far seguire una esperienza utilizzando Kandinsky; secondo incontro sulla memoria, con una comunicazione sulla terra e il cielo attraverso i miti e l'astronomia, a cui segue un'esperienza di albero genealogico; terzo incontro sull'abitare, per esplorare la forma e la sostanza attraverso relazioni tra la matematica, la geometria e la musica, a cui segue un'esperienza utilizzando Semper; quarto incontro sul luogo, indagato attraverso i toponimi, le mappe e i segni, a cui segue un'esperienza attraverso i Sassi; quinto incontro sugli archetipi e sul progetto armonico attraverso la matematica della musica nell'ottava musicale, e con la sintesi del percorso condotto, verso il progetto di architettura.

Passo 1: lezione frontale sul tema dell'incontro.
Passo 2: nel gruppo aula discussione e condivisione delle comprensioni e degli apprendimenti raggiunti con la lezione frontale.
Passo 3: discussione in sottogruppi (organizzati con la forma dell'*open space technology*) utilizzando le sollecitazioni prodotte dalle comunicazioni dei relatori, e redazione di un elaborato di sintesi con le comprensioni e gli apprendimenti raggiunti e con le azioni da intraprendere per il progetto.

Passo 4: nel gruppo aula discussione e condivisione delle comprensioni e degli apprendimenti raggiunti nell'esperienza e definizione dell'utilizzo di questi nel proseguimento del lavoro di laboratorio.

Ripetizione del percorso in quattro passi per ognuno dei cinque incontri del ciclo.

Passo ultimo: a conclusione dei cinque incontri, nel gruppo aula discussione e condivisione delle comprensioni e degli apprendimenti raggiunti nell'esperienza dell'intero ciclo, e definizione dell'utilizzo di questi nel proseguimento del lavoro di laboratorio.

Presupposti teorici e metodi:
- Ecologia della mente (Gregory Bateson)
- Pedagogia del cielo
- Pedagogia per il terzo millennio - Traslazione (Patrizio Paoletti)
- *Open space technology*

Risultati attesi:
comprensione delle corrispondenze tra diversi sguardi nei processi di conoscenza della realtà e delle regole della natura; allenamento a trovare relazioni strumentali tra saperi disciplinari diversi; acquisizione di strumenti per utilizzare nel progetto di architettura elementi conoscitivi che possono venire da diversi campi del sapere.

Ambiti disciplinari coinvolti (progetto e facilitazione del seminario/ esperienza):
Storia dell'Architettura, Geometria analitica, Matematica, Arte, Musica, Comunicazione, Astronomia, Mitologia, Toponomastica

Materiali di lavoro (schede, mappe, immagini, questionari):

Bibliografia:
- G. Bateson, *Verso un'ecologia della mente*, Adelphi, Milano 2001 (New York 1972)
- H. Owen, *Open space technology. Guida all'uso*, Genius Loci Editore, Milano 2008 (San Francisco 1997)
- P. Paoletti, A. Selvaggio, *Traslazione*, Edizioni 3P, Bastia Umbra (PG) 2012

Esperienza n° 10	Viaggio	Carattere

Titolo:
Venezia nel Rinascimento e il carattere: il gioco dei riconoscimenti

Obiettivo:
comprensione del carattere di un luogo.

Procedura:
Passo 1: lezioni frontali, studio a casa e preparazione in aula su Venezia nel Rinascimento.

Passo 2: in piccoli gruppi (3/5 studenti), girando per Venezia, raccolta di elementi, attraverso l'annotazione con la scrittura, la cartografia, il disegno, la ripresa fotografica e video, la registrazione sonora, la raccolta fisica di oggetti (per annotarne la consistenza materica, la forma, l'effetto tattile, l'odore, il gusto) con cui dare forma e catturare il significato delle parole chiave nell'elenco fornito che, in forma di categorie/spunti/appunti, sintetizzano e rimandano ai tratti del carattere di Venezia nel Rinascimento.

Passo 3: allestimento in aula di una mostra degli elementi raccolti, illustrazione da parte dei gruppi e condivisione delle comprensioni e degli apprendimenti raggiunti.

Passo 4: nel gruppo aula discussione e condivisione delle comprensioni e degli apprendimenti raggiunti e definizione dell'utilizzo di questi nel proseguimento del lavoro di laboratorio e nel progetto.

Presupposti teorici e metodi:
• Archivio della memoria
• Ascolto attivo
• Atlante della memoria (Aby Warburg)
• *Brainstorming*
• Gioco dei riconoscimenti
• Immagine della città (Kevin Lynch)
• Pedagogia per il terzo millennio - Osservazione (Patrizio Paoletti)
• Ricerca indiziaria

- *Walkscapes*
- *Wunderkammer*

Risultati attesi:
ampliamento dell'idea di luogo attraverso la ricerca del suo carattere; acquisizione di esperienza per leggere nel fenomeno urbano elementi e significati sottili che riguardano il suo carattere attraverso molti tratti sparsi e segni deboli, attraverso il riconoscimento di ricorrenze e permanenze, attraverso la percezione di sensazioni ed emozioni; aumento della sensibilità a leggere il fenomeno urbano come fenomeno storico complesso e stratificato; acquisizione di strumenti di lettura sensibile del fenomeno urbano complesso e stratificato, utilizzabili per progettare.

Ambiti disciplinari coinvolti (progetto e facilitazione del viaggio/esperienza):
Storia dell'Architettura, Disegno dell'Architettura

Materiali di lavoro (schede, mappe, immagini, questionari):

Scheda di lavoro:

Elenco delle parole chiave:

- *tradizione e innovazione*
- *"Venezia tenta di resistere dentro la sua origine"*
- *valore "originario" della mercatura*
- *concordia*
- *repubblica*
- *mito di Venezia*
- *armonia*
- *finitio albertiana*
- *concinnitas albertiana*
- *"stato da mar"*
- *"renovatio urbis"*
- *linguaggio all'antica*

- *etica austera*
- *caritas venziana*
- *stato "misto"*
- *temperanza*
- *mediazione*
- *sintesi*
- *erede dell'antico*
- *antichita' come seconda natura*
- *labirinto*
- *citta' gotica*
- *citta' bizantina*
- *porta d'oriente*
- *equilibrio*
- *lotto gotico*
- *"mediocritas edilizia"*
- *"armonica ugualianza" del patriziato*
- *l'archittettra ha valore pubblico e "rifondativo"*
- *la celebrazione dell'individuo*
- *conservatorismo*
- *continuita' storica*
- *consuetudo*
- *"romanismo"*
- *identificazione di Venezia con la vergine Maria*
- *Venezia miracolosa perche' "posta nello impossibile"*
- *utopia realizzata: "non instauratio ma frammenti di renovatio"*
- *"costanza nell'imago urbis"*
- *unicita'*
- *repubblica platonica*
- *sperimentalismo*
- *natura / artificio*
- *organismo aperto*
- *resistenza nell'origine*
- *"prudentia"*
- *rapporti analogici*

- *rapporti simbolici*
- *collegamenti visivi*
- *collegamenti prospettici*
- *relazioni geometriche*
- *l'origine*
- *il mito*
- *la profezia*
- *la fondazione*
- *il margine*
- *il limite*
- *finitio aristotelica*

Bibliografia:
• W. Benjamin, *Parigi capitale del XIX secolo. I "passages" di Parigi*, Einaudi, Torino 1986 (Frankfurt am Main 1982)
• W. Benjanin, *Infanzia berlinese*, Einaudi, Torino 1981 (Frankfurt am Main 1950)
• F. Careri, *Walkscapes. Camminare come pratica estetica*, Einaudi, Torino 2006
• Decandia L., *L'apprendimento come esperienza estetica. Una comunità di pratiche in azione*, Franco Angeli, Milano 2011
• K. W: Forster, K. Mazzucco (a cura di M. Centanni), *Introduzione a Aby Warburg e all'Atlante della Memoria*, Mondadori, Milano 2002
• K. Lynch, *L'immagine della città*, Marsilio, Venezia 1975 (Harvard - MIT 1960)
• P. Paoletti, A. Selvaggio, *Osservazione*, Edizioni 3P, Bastia Umbra (PG) 2011
• G. Perec, *Specie di spazi*, Bollati Boringhieri, Torino 1996 (Paris 1974)
• M. Proust, *Alla ricerca del tempo perduto*, Einaudi, Torino 1978 (Paris 1913-1927)
• M. Tafuri, *Venezia e il Rinascimento*, Einaudi, Torino 1985

Titolo:
Matera e il carattere: il gioco dei riconoscimenti

Obiettivo:
comprensione del carattere di un luogo.

Procedura:
Passo 1: lezioni frontali, studio a casa e preparazione in aula sulla storia di Matera e dei Sassi.

Passo 2: in piccoli gruppi (3/5 studenti), girando per Matera, raccolta di elementi, attraverso l'annotazione con la scrittura, la cartografia, il disegno, la ripresa fotografica e video, la registrazione sonora, la raccolta fisica di oggetti (per annotarne la consistenza materica, la forma, l'effetto tattile, l'odore, il gusto).

Passo 3: allestimento in aula di una mostra degli elementi raccolti, illustrazione da parte dei gruppi e condivisione delle comprensioni e degli apprendimenti raggiunti.

Passo 4: condivisione guidata in aula per la costruzione di un elenco di parole chiave che sintetizzano e rimandano ai tratti del carattere di Matera e dei Sassi.

Passo 5: nel gruppo aula discussione e condivisione delle comprensioni e degli apprendimenti raggiunti e definizione dell'utilizzo di questi nel proseguimento del lavoro di laboratorio e nel progetto.

Presupposti teorici e metodi:
• Archivio della memoria
• Ascolto attivo
• Atlante della memoria (Aby Warburg)
• *Brainstorming*
• Gioco dei riconoscimenti
• Immagine della città (Kevin Lynch)
• Pedagogia per il terzo millennio-Osservazione(Patrizio Paoletti)
• Ricerca indiziaria

- Spaesamento (Walter Benjamin)
- *Walkscapes*
- *Wunderkammer*

Risultati attesi:
ampliamento dell'idea di luogo attraverso la ricerca del suo carattere; acquisizione di esperienza per leggere nel fenomeno urbano elementi e significati sottili che riguardano il suo carattere attraverso molti tratti sparsi e segni deboli, attraverso il riconoscimento di ricorrenze e permanenze, attraverso la percezione di sensazioni ed emozioni; aumento della sensibilità a leggere il fenomeno urbano come fenomeno storico complesso e stratificato; acquisizione di strumenti di lettura sensibile del fenomeno urbano complesso e stratificato, utilizzabili per progettare; acquisizioni di elementi di comprensione del carattere dei Sassi di Matera per il loro utilizzo nel progetto.

Ambiti disciplinari coinvolti (progetto e facilitazione del viaggio/esperienza):
Storia dell'Architettura, Disegno dell'Architettura, Urbanistica

Materiali di lavoro (schede, mappe, immagini, questionari):

Bibliografia:
- W. Benjamin, *Parigi capitale del XIX secolo. I "passages" di Parigi*, Einaudi, Torino 1986 (Frankfurt am Main 1982)
- W. Benjanin, *Infanzia berlinese*, Einaudi, Torino 1981 (Frankfurt am Main 1950)
- F. Careri, *Walkscapes. Camminare come pratica estetica*, Einaudi, Torino 2006
- L. Decandia, *L'apprendimento come esperienza estetica. Una comunità di pratiche in azione*, Franco Angeli, Milano 2011
- K. W: Forster, K. Mazzucco (a cura di M. Centanni), *Introduzione a Aby Warburg e all'Atlante della Memoria*, Mondadori, Milano 2002
- K. Lynch, *L'immagine della città*, Marsilio, Venezia 1975 (Harvard - MIT 1960)
- P. Paoletti, A. Selvaggio, *Osservazione*, Edizioni 3P, Bastia Umbra (PG) 2011
- G. Perec, *Specie di spazi*, Bollati Boringhieri, Torino 1996 (Paris 1974)
- M. Proust, *Alla ricerca del tempo perduto*, Einaudi, Torino 1978 (Paris 1913-1927)

Titolo:
Adriano, la villa, il cielo

Obiettivo:
ampliamento della comprensione di relazioni con cui siamo connessi e di cui l'architettura è potenzialmente espressione; comprensione della scala del cielo in relazione all'architettura; comprensione della relazione tra l'architettura e diverse scale di riferimento; comprensione di livelli di significato più nascosti.

Procedura:
Passo 1: lezioni frontali, studio a casa e preparazione in aula su Villa Adriana a Tivoli.
Passo 2: percorso guidato di visita a villa Adriana a Tivoli con letture da *Memorie di Adriano* di Marguerite Yourcenar e con esercizi guidati di riconoscimento di elementi espressione di relazione tra i luoghi della villa e la scala del cielo (astronomia e astrologia).
Passo 3: condivisione in aula delle comprensioni e degli apprendimenti raggiunti e definizione dell'utilizzo di questi nel proseguimento del lavoro di laboratorio e nel progetto.

Presupposti teorici e metodi:
• Ascolto attivo
• Gioco dei riconoscimenti
• Pedagogia del cielo
• Pedagogia per il terzo millennio - Traslazione (Patrizio Paoletti)
• Ricerca indiziaria
• *Walkscapes*

Risultati attesi:
ampliamento dell'idea di scale; acquisizione di esperienza per leggere nel fenomeno architettonico elementi e significati sottili che riguardano la relazione con il contesto cielo; acquisizione di strumenti di lettura del fenomeno architettonico utilizzabili anche per inserire il progetto

in una scala possibile di relazioni diversificate.

Ambiti disciplinari coinvolti (progetto e facilitazione del viaggio/ esperienza):
Storia dell'Architettura, Disegno dell'Architettura, in collaborazione con il Gruppo di Ricerca di Pedagogia del Cielo del Movimento di Cooperazione Educativa (percorso guidato da Nicoletta Lanciano e Rita Montinaro)

Materiali di lavoro (schede, mappe, immagini, questionari):

Bibliografia:
*   F. Careri, *Walkscapes. Camminare come pratica estetica*, Einaudi, Torino 2006
*   N. Lanciano, *Villa Adriana tra terra e cielo. Percorsi guidati dai testi di Marguerite Yourcenar*, Apeiron Editori, Roma 2003
*   P. Paoletti, A. Selvaggio, *Traslazione*, Edizioni 3P, Bastia Umbra (PG) 2012
*   M. Yourcenar, *Memorie di Adriano*, Einaudi, Torino 1981 (Paris 1951)
*   A. Snodgrass, *Architettura, tempo, eternità. Il simbolismo degli astri e del tempo nell'architettura della Tradizione*, Mondadori, Milano 2008 (New Delhi 1990)

Titolo:
Abitare/architettura/luogo

Obiettivo:
crescita di consapevolezza circa la relazione tra idea e progetto; crescita della capacità ideativa; crescita di consapevolezza circa le relazioni tra il progetto e i paradigmi dell'abitare, il linguaggio dell'architettura, il contesto-luogo geostorico su cui sorgono le architetture.

Procedura:
Passo 1: in plenaria, in momenti progressivi di revisione in itinere del lavoro progettuale degli studenti, richiesta ai componenti di ogni gruppo di lavoro di esposizione del proprio progetto sottolineando il senso e le scelte fatte in termini di abitare (la propria idea di abitare in relazione a bisogni, desideri, aspirazioni), in termini di architettura (le categorie interpretative relative all'architettura privilegiate nel proprio progetto: ad esempio le proporzioni, o il funzionamento energetico, o il valore simbolico, etc.), in relazione al luogo (i Sassi di Matera: dal lotto assegnato, alla città, al paesaggio, al contesto geostorico).

Passo 2: condivisione nel gruppo aula delle comprensioni e degli apprendimenti conseguiti, e definizione dell'utilizzo che se ne farà per proseguire il lavoro progettuale nei gruppi, anche con assunzione di impegni pratici.

Presupposti teorici e metodi:
• Ecologia della mente (Gregory Bateson)
• Pedagogia per il terzo millennio - Traslazione (Patrizio Paoletti)
• Pensiero creativo
• Pensiero riflessivo
• Teoria dei gruppi e teoria dei tipi logici

Risultati attesi:
acquisizione di strumenti di approfondimento della comprensione del fenomeno architettonico attraverso l'uso di una griglia che facilita lo smontaggio e il rimontaggio del tema progettuale; accrescimento delle capacità di esplorare le relazioni tra i diversi apporti che vengono al progetto dall'essere abitanti, dalle specificità del linguaggio dell'architettura, dal luogo dove "posizionare" l'oggetto architettonico; approfondimento del processo progettuale attraverso un accrescimento della consapevolezza circa le proprie scelte e le motivazioni di queste; esplorazione della complessità della relazione tra idea e progetto.

Ambiti disciplinari coinvolti (progetto e facilitazione della revisione/esperienza):
Storia dell'Architettura

Materiali di lavoro (schede, mappe, immagini, questionari):

Bibliografia:
* G. Bateson, *Verso un'ecologia della mente*, Adelphi, Milano 2001 (New York 1972)
* E. Boncinelli, *Come nascono le idee*, Laterza, Bari 2010
* W. Harman, H. Rheingold, *Creatività superiore. Come liberare le intuizioni dell'inconscio*, Astrolabio, Roma 1986 (Los Angeles 1984)
* P. Paoletti, A. Selvaggio, *Traslazione*, Edizioni 3P, Bastia Umbra (PG) 2012
* D. A. Schon, *Il professionista riflessivo. Per una nuova epistemologia della pratica professionale*, Dedalo, Bari 1993 (New York 1983)
* P. Watzlawick, J. H. Weakland, R. Fisch, *Change. Sulla formazione e la soluzione dei problemi*, Astrolabio, Roma 1974 (New York 1974)

Esperienza n° 14   Revisione   Forma/funzionamento/essenza

Titolo:
Forma/funzionamento/essenza

Obiettivo:
comprensione dei diversi piani di manifestazione di un fenomeno, da quello più appariscente della forma a quello più intangibile dell'essenza; crescita di consapevolezza circa le relazioni tra forma, funzionamento ed essenza in un luogo, in un paesaggio, in un'architettura; crescita di consapevolezza circa la relazione tra idea e progetto; crescita della capacità ideativa.

Procedura:

Passo 1: in plenaria, esplorazione guidata dalla docenza del significato di forma, funzionamento ed essenza di un luogo, di un paesaggio, di un'architettura, utilizzando esempi.

Passo 2: in plenaria, esplorazione guidata dalla docenza di strumenti e strategie per estrarre da un luogo, un paesaggio, un'architettura elementi conoscitivi relativi alla forma, al funzionamento, all'essenza.

Passo 3: in plenaria, condivisione delle comprensioni e degli apprendimenti raggiunti e definizione di compiti e programmi per esercitare in relazione al progetto d'anno la griglia di forma/funzionamento/essenza.

Passo 4: in plenaria, in momenti progressivi di revisione in itinere del lavoro progettuale degli studenti, richiesta ai componenti di ogni gruppo di lavoro di esposizione del proprio progetto sottolineando il senso e le scelte fatte in termini di forma, in termini di funzionamento, in termini di essenza, e di definizione dei modelli scelti a riferimento per il proprio progetto in termini di forma, di funzionamento, di essenza.

Passo 5: condivisione nel gruppo aula delle comprensioni e degli apprendimenti conseguiti, e definizione dell'utilizzo che se ne farà per proseguire il lavoro progettuale nei gruppi, anche con assunzione di impegni pratici.

Presupposti teorici e metodi:
- Ecologia della mente (Gregory Bateson)
- Iconologia
- Pedagogia per il terzo millennio - Traslazione (Patrizio Paoletti)
- Pensiero creativo
- Pensiero riflessivo
- Teoria dei gruppi e teoria dei tipi logici

Risultati attesi:
acquisizione di strumenti di approfondimento della comprensione del fenomeno architettonico attraverso l'uso di una griglia che facilita lo smontaggio e il rimontaggio del tema progettuale; accrescimento delle capacità di esplorare i diversi livelli di manifestazione dei luoghi, dei paesaggi, delle architetture; accrescimento di competenze a selezionare e utilizzare modelli di riferimento progettuali comprendendone il piano di significatività che hanno in relazione al proprio progetto; approfondimento del processo progettuale attraverso un accrescimento della consapevolezza circa le proprie scelte e le motivazioni di queste; esplorazione della complessità della relazione tra idea e progetto.

Ambiti disciplinari coinvolti (progetto e facilitazione della revisione/esperienza): Storia dell'Architettura

Materiali di lavoro (schede, mappe, immagini, questionari):

Bibliografia:
- G. Bateson, *Verso un'ecologia della mente*, Adelphi, Milano 2001 (New York 1972)
- E. Boncinelli, *Come nascono le idee*, Laterza, Bari 2010
- W. Harman, H. Rheingold, *Creatività superiore. Come liberare le intuizioni dell'inconscio*, Astrolabio, Roma 1986 (Los Angeles 1984)
- E. Panofsky, *Il significato delle arti visive*, Einaudi 1962 (New York 1955)
- P. Paoletti, A. Selvaggio, *Traslazione*, Edizioni 3P, Bastia Umbra (PG) 2012
- D. A. Schon, *Il professionista riflessivo. Per una nuova epistemologia della pratica professionale*, Dedalo, Bari 1993 (New York 1983)
- P. Watzlawick, J. H. Weakland, R. Fisch, *Change. Sulla formazione e la soluzione dei problemi*, Astrolabio, Roma 1974 (New York 1974)

Titolo:
Uomo/terra/cielo: le scale dell'architettura

Obiettivo:
crescita di consapevolezza circa la relazione tra uomo, terra e cielo, circa l'esistenza di scale differenti di manifestazione dei fenomeni e delle relazioni tra queste diverse scale; comprensione dei diversi sistemi di relazioni e di scale con cui si relaziona l'architettura, la misura umana, quella terrestre, quella celeste; crescita di consapevolezza circa la relazione tra idea e progetto; crescita della capacità ideativa.

Procedura:
Passo 1: in plenaria, esplorazione guidata dalla docenza del significato delle scale umana, terrestre e celeste in relazione all'architettura, utilizzando esempi e utilizzando il gioco dei riconoscimenti.
Passo 2: in plenaria, condivisione delle comprensioni e degli apprendimenti raggiunti e definizione di compiti programmati per esercitare in relazione al progetto d'anno la griglia di uomo/terra/cielo per definire le scelte progettuali.
Passo 3: in plenaria, in momenti progressivi di revisione in itinere del lavoro progettuale degli studenti, richiesta ai componenti di ogni gruppo di lavoro di esposizione del proprio progetto sottolineando il modo in cui l'architettura manifesta e si relaziona alle scale uomo, terra, cielo, e richiesta di definizione dei modelli scelti a riferimento per il proprio progetto in termini di relazioni e di scala.
Passo 4: condivisione nel gruppo aula delle comprensioni e degli apprendimenti raggiunti e definizione dell'utilizzo che se ne farà per proseguire il lavoro progettuale nei gruppi, anche con assunzione di impegni pratici.

Presupposti teorici e metodi:
• Ecologia della mente (Gregory Bateson)
• Pedagogia del cielo

- Pedagogia per il terzo millennio - Traslazione (Patrizio Paoletti)
- Pensiero creativo
- Pensiero riflessivo
- Teoria dei gruppi e teoria dei tipi logici

Risultati attesi:
acquisizione di strumenti di approfondimento della comprensione del fenomeno architettonico attraverso l'uso di una griglia che facilita lo smontaggio e il rimontaggio del tema progettuale; accrescimento delle capacità di esplorazione delle diverse scale con cui si relaziona un'architettura; accrescimento di competenze a selezionare e utilizzare modelli di riferimento progettuali comprendendone il piano di significatività che hanno in relazione al proprio progetto; approfondimento del processo progettuale attraverso un accrescimento della consapevolezza circa le proprie scelte e le motivazioni di queste; esplorazione della complessità della relazione tra idea e progetto.

Ambiti disciplinari coinvolti (progetto e facilitazione della revisione/esperienza):
Storia dell'Architettura

Materiali di lavoro (schede, mappe, immagini, questionari):

Bibliografia:
- G. Bateson, *Verso un'ecologia della mente*, Adelphi, Milano 2001 (New York 1972)
- E. Boncinelli, *Come nascono le idee*, Laterza, Bari 2010
- W. Harman, H. Rheingold, *Creatività superiore. Come liberare le intuizioni dell'inconscio*, Astrolabio, Roma 1986 (Los Angeles 1984)
- P. Paoletti, A. Selvaggio, *Traslazione*, Edizioni 3P, Bastia Umbra (PG) 2012
- D. A. Schon, *Il professionista riflessivo. Per una nuova epistemologia della pratica professionale*, Dedalo, Bari 1993 (New York 1983)
- A. Snodgrass, *Architettura, tempo, eternità. Il simbolismo degli astri e del tempo nell'architettura della Tradizione*, Mondadori, Milano 2008 (New Delhi 1990)
- P. Watzlawick, J. H. Weakland, R. Fisch, *Change. Sulla formazione e la soluzione dei problemi*, Astrolabio, Roma 1974 (New York 1974)

Titolo:
Terrapieno/recinto/tetto/focolare

Obiettivo:
crescita di sensibilità verso la struttura della realtà; crescita di capacità di indagine sugli elementi costitutivi delle manifestazioni della realtà e dei fenomeni; crescita di consapevolezza della relazione tra l'architettura e la struttura definita dagli elementi terra, acqua, aria, fuoco; crescita di consapevolezza circa la relazione tra idea e progetto; crescita della capacità ideativa.

Procedura:
Passo 1   in plenaria, esplorazione guidata dalla docenza del significato degli elementi dell'architettura definiti da Gottfried Semper, il terrapieno, il recinto, il tetto e il focolare, in relazione ai quattro elementi, la terra, l'acqua, l'aria e il fuoco, utilizzando esempi e utilizzando il gioco dei riconoscimenti di questi elementi come tratti dominanti in una carrellata di esempi di architetture.

Passo 2: in plenaria, condivisione delle comprensioni e degli apprendimenti raggiunti e definizione di compiti programmati per esercitare in relazione al progetto d'anno la griglia di terrapieno/recinto/tetto/focolare e di terra/acqua/aria/fuoco per definire le scelte progettuali.

Passo 3: in plenaria, il momenti progressivi di revisione in itinere del lavoro progettuale degli studenti, richiesta ai componenti di ogni gruppo di lavoro di esporre il proprio progetto sottolineando il modo con cui il proprio progetto sia espressivo di uno o più elementi dominanti tra terrapieno, recinto, tetto o focolare e i motivi della scelta, e richiesta di definizione dei modelli scelti a riferimento per il proprio progetto come espressivi di uno degli elementi dominanti.

Passo 4: condivisione nel gruppo aula delle comprensioni e degli apprendimenti raggiunti e definizione dell'utilizzo che se ne farà per proseguire il lavoro progettuale nei gruppi, anche con assunzione di impegni pratici.

Presupposti teorici e metodi:
- Ecologia della mente (Gregory Bateson)
- Pedagogia per il terzo millennio - Traslazione (Patrizio Paoletti)
- Pensiero creativo
- Pensiero riflessivo
- Quattro elementi dell'architettura (Gottfried Semper)
- Quattro elementi: terra, acqua, aria, fuoco
- Teoria dei gruppi e teoria dei tipi logici

Risultati attesi:
acquisizione di strumenti di approfondimento della comprensione del fenomeno architettonico attraverso l'uso di una griglia che facilita lo smontaggio e il rimontaggio del tema progettuale; accrescimento delle capacità di esplorare l'architettura e i suoi significati attraverso il riconoscimento degli elementi costitutivi dell'architettura, utilizzando strumentalmente la teoria di Gottfried Semper; accrescimento di competenze a selezionare e utilizzare modelli di riferimento progettuali comprendendone il piano di significatività che hanno in relazione al proprio progetto; approfondimento del processo progettuale attraverso un accrescimento della consapevolezza circa le proprie scelte e le motivazioni di queste; esplorazione della complessità della relazione tra idea e progetto.

Ambiti disciplinari coinvolti (progetto e facilitazione della revisione/esperienza):
Storia dell'Architettura

Materiali di lavoro (schede, mappe, immagini, questionari):

Bibliografia:
- G. Bateson, *Verso un'ecologia della mente*, Adelphi, Milano 2001 (New York 1972)
- E. Boncinelli, *Come nascono le idee*, Laterza, Bari 2010
- W. Harman, H. Rheingold, *Creatività superiore. Come liberare le intuizioni dell'inconscio*, Astrolabio, Roma 1986 (Los Angeles 1984)
- P. Paoletti, A. Selvaggio, *Traslazione*, Edizioni 3P, Bastia Umbra (PG) 2012
- H. Quitzsch, *La visione estetica di Semper*, seguito da G. Semper, *I 4 elementi*

dell'architettura, Jaca Book, Milano 1991 (Berlin 1962)
- J. Rykwert, *La casa di Adamo in paradiso*, Mondadori, Milano 1977 (MoMA, New York 1972)
- J, Rykwert, *L'idea di città. Antropologia della forma urbana nel mondo antico*, Adelphi, Milano 2002 (Amsterdam 1963)
- M. Serres, *Roma, il libro delle fondazioni*, Hopefulmonster, Firenze 1991 (Paris 1983)
- D. A. Schon, *Il professionista riflessivo. Per una nuova epistemologia della pratica professionale*, Dedalo, Bari 1993 (New York 1983)
- P. Watzlawick, J. H. Weakland, R. Fisch, *Change. Sulla formazione e la soluzione dei problemi*, Astrolabio, Roma 1974 (New York 1974)

Titolo:
Molte intelligenze

Obiettivo:
ampliamento dello sguardo per contenere più visioni differenti; accrescimento della capacità di utilizzare visioni diverse e di armonizzarle in una sintesi più ampia; accrescimento della capacità di relazionarsi con gli altri; accrescimento della competenza a fare del progetto il luogo della gestione creativa della complessità.

Procedura:
Passo 1: in plenaria, in momenti cruciali di revisione in itinere del lavoro progettuale degli studenti (ad esempio a metà percorso o durante i workshop di intensificazione in aula dell'attività laboratoriale), illustrazione delle regole del gioco che consistono nell'assunzione, da parte di ciascun docente e di ciascun tutor presente in aula, per tutto il tempo della revisione, di un ruolo/intelligenza definita ed esplicita con cui esprimere ogni valutazione, considerazione e suggerimento sui progetti esaminati.

Passo 2: in plenaria, revisione degli elementi progettuali e confronto tra docenti e tutor e studenti secondo le modalità del gioco dei ruoli, chiedendo agli studenti organizzati in gruppi di lavoro di esporre il proprio progetto, facilitandoli a esercitare una sospensione del giudizio, ovvero a non selezionare tra le indicazioni differenti pervenute dai docenti e dai tutor che esprimono diversi punti di vista definiti come esercizio di diverse intelligenze; invito a stare con le differenti osservazioni allo scopo di trovare soluzioni creative di interazione tra il maggior numero possibile di prospettive dentro il progetto in direzione di scelte chiare, congrue e orientate.

Passo 3: dopo un tempo, in plenaria, confronto e condivisione dei nuovi livelli di articolazione della complessità dentro il progetto.

Passo 4: condivisione nel gruppo aula delle comprensioni e degli apprendimenti raggiunti e definizione dell'utilizzo che se ne farà per proseguire il lavoro progettuale nei gruppi, anche con assunzione di impegni pratici.

Presupposti teorici e metodi:
• Apprendimento organizzativo
• Ascolto attivo
• Gioco di ruoli
• Pedagogia per il terzo millennio - Osservazione - Mediazione (Patrizio Paoletti)
• Pensiero creativo
• Pensiero riflessivo
• Teoria dei gruppi e teoria dei tipi logici

Risultati attesi:
acquisizione di strumenti e procedure per migliorare il confronto con altri punti di vista e per rendere più efficace il lavoro di gruppo e il lavoro interdisciplinare; accesso a un più elevato livello di complessità nel lavoro di progettazione.

Ambiti disciplinari coinvolti (progetto e facilitazione della revisione/esperienza):
Storia dell'Architettura, Urbanistica, Disegno dell'Architettura, Composizione Architettonica

Materiali di lavoro (schede, mappe, immagini, questionari):

Bibliografia:
• E. Boncinelli, *Come nascono le idee*, Laterza, Bari 2010
• H. Gardner, *Cinque chiavi per il futuro*, Feltrinelli, Milano 2009 (Boston 2006)
• D. Goleman, *Intelligenza sociale*, Rizzoli, Milano 2006 (New York 2006)
• W. Harman, H. Rheingold, *Creatività superiore. Come liberare le intuizioni dell'inconscio*, Astrolabio, Roma 1986 (Los Angeles 1984)
• E. Morin, *I sette saperi necessari all'educazione del futuro*, Raffaello Cortina

editore, Milano 2001 (Paris, UNESCO 1999)

- P. Paoletti, A. Selvaggio, *Osservazione*, Edizioni 3P, Bastia Umbra (PG) 2011
- P. Paoletti, A. Selvaggio, *Mediazione*, Edizioni 3P, Bastia Umbra (PG) 2011
- P. M. Senge, *La quinta disciplina. L'arte e la pratica dell'apprendimento organizzativo*, Sperling & Kupfer, Milano 1995 (New York 1990)
- P. Watzlawick, *La realtà della realtà. Comunicazione-Disinformazione-Confusione*, Astrolabio, Roma 1976 (Random House 1976)
- P. Watzlawick, J.H. Beavin, D.D. Jackson, *Pragmatica della comunicazione umana. Studio dei modelli interattivi delle patologie e dei paradossi*, Astrolabio, Roma 1971 (New York 1967)
- P. Watzlawick, J. H. Weakland, R. Fisch, *Change. Sulla formazione e la soluzione dei problemi*, Astrolabio, Roma 1974 (New York 1974)

Titolo:
Genealogia del percorso formativo

Obiettivo:
ripercorrere il percorso formativo per evidenziare la sequenza e le relazioni tra i diversi apprendimenti, la sottolineatura delle comprensioni che hanno avuto un ruolo cruciale elevando il grado di consapevolezza raggiunto, il riconoscimento di elementi che non sono stati compresi e assimilati e che permangono come potenziale silente ma attivo; la definizione di se stessi attraverso il punto di arrivo provvisorio raggiunto, in relazione al punto di partenza, da cui rilanciare per proseguire il percorso di crescita e di apprendimento.

Procedura:
Passo 1: somministrazione di un questionario come guida per il processo di elaborazione a consuntivo del percorso compiuto e per la rappresentazione della posizione raggiunta (elementi di conoscenza, elementi di consapevolezza, strumenti acquisiti, domande aperte, dubbi e campi di miglioramento).

Passo 2: rispondendo alle domande guida del questionario, elaborazione individuale del percorso compiuto e rappresentazione della posizione raggiunta (elementi di conoscenza, elementi di consapevolezza, strumenti acquisiti, domande aperte, dubbi e campi di miglioramento).

Passo 3: individuale elaborazione grafica in forma di mappa della propria rappresentazione del percorso formativo e della posizione raggiunta.

Passo 4: illustrazione della mappa al gruppo aula

Presupposti teorici e metodi:
• Alberi di conoscenze (Michel Authier e Pierre Lévy)
• Apprendimento organizzativo
• Archeologia del sapere (Michel Foucault)
• Genealogia (Friedrich Nietzsche)
• *Lifelong learning*

- Pedagogia per il terzo millennio - Traslazione-Normalizzazione (Patrizio Paoletti)
- Pensiero riflessivo
- Teatro della memoria (Giulio Camillo Delminio)
- Teoria dei gruppi e teoria dei tipi logici

Risultati attesi:
acquisizione di strumenti e di procedure per monitorare il proprio procedere verso la meta desiderata, per indirizzare efficacemente le azioni al conseguimento del risultato programmato e della gestione del tempo; consolidamento delle competenze esercitate nel percorso con la memorizzazione/archiviazione di quelle come materiale permanentemente disponibile.

Ambiti disciplinari coinvolti (progetto e facilitazione della elaborazione finale/esperienza):
Storia dell'Architettura

Materiali di lavoro (schede, mappe, immagini, questionari):

Questionario:

• *(individuale) GENEALOGIA DEL PERCORSO FORMATIVO (relazione di 1 o 2 cartelle, corredata di una mappa in foglio A3)*
• *(in gruppo) GENEALOGIA DEL PROGETTO (tavola 70x100)*

Istruzioni:
Per redigere la relazione e la mappa di GENEALOGIA DEL PERCORSO FORMATIVO si fornisce il seguente questionario da usare come una procedura (partendo da passo 1, e procedendo fino a passo 5):

1. Quali esperienze, idee, materiali incontrati in questo anno di corso ti hanno sollecitato?

2. Come li puoi utilizzare? Organizza tutti questi elementi in una mappa.

3. Ci sono altre esperienze, competenze, materiali del tuo percorso di vita che puoi inserire nella mappa? Aggiungili alla mappa a creare una nuova organizzazione dell'insieme.

4. Costruendo la mappa hai ottenuto nuove consapevolezze? Quali?

5. Puoi utilizzare le nuove consapevolezze derivate dalla costruzione della mappa individuale di GENEALOGIA DEL PERCORSO FORMATIVO per costruire in gruppo la mappa di GENEALOGIA DEL PROGETTO? Come?

Bibliografia:
- M. Authier, P. Lévy, *Gli alberi di conoscenze. Educazione e gestione dinamica delle competenze*, Feltrinelli, Milano 2000 (Paris 1992)
- L. Bolzoni, *Il teatro della memoria. Studi su Giulio Camillo*, Liviana, Padova 1984
- L. Bolzoni, *La stanza della memoria. Modelli letterari e iconografici nell'età della stampa*, Einaudi, Torino 1995
- Donald A. Schon, *Il professionista riflessivo. Per una nuova epistemologia della pratica professionale*, Dedalo, Bari 1993 (New York 1983)
- K. W: Forster, K. Mazzucco (a cura di M. Centanni), *Introduzione a Aby Warburg e all'Atlante della Memoria*, Mondadori, Milano 2002
- M. Foucault, *L'archeologia del sapere. Una metodologia per la storia della cultura*, Rizzoli, Milano 1999 (Paris 1969)
- H. Gardner, *Cinque chiavi per il futuro*, Feltrinelli, Milano 2009 (Boston 2006)
- Edgar Morin, *I sette saperi necessari all'educazione del futuro*, Raffaello Cortina editore, Milano 2001 (Paris, UNESCO 1999)
- F. Nietzsche, *Genealogia della morale. Uno scritto polemico*, Adelphi, Milano 2007 (Leipzig 1887)
- P. Paoletti, A. Selvaggio, *Traslazione*, Edizioni 3P, Bastia Umbra (PG) 2012
- P. Paoletti, A. Selvaggio, *Normalizzazione*, Edizioni 3P, Bastia Umbra (PG) 2013

- P. Watzlawick, J. H. Weakland, R. Fisch, *Change. Sulla formazione e la soluzione dei problemi*, Astrolabio, Roma 1974 (New York 1974)

Esperienza n° 19   Elaborazione finale   Il percorso progettuale

Titolo:
Genealogia del percorso progettuale

Obiettivo:
ripercorrere il percorso creativo del progetto per evidenziare la sequenza e le relazioni tra l'idea e il progetto, e i modelli di riferimento.

Procedura:
Passo 1: somministrazione di un questionario come guida per il processo di elaborazione a consuntivo del percorso ideativo e progettuale compiuto e per la rappresentazione dei contenuti relativi al senso del proprio progetto.
Passo 2: rispondendo in gruppo (il gruppo di progettazione) alle domande guida del questionario, elaborazione del percorso compiuto e rappresentazione della sintesi raggiunta nel progetto attraverso la definizione del senso, della forma attraverso cui si manifesta e dei riferimenti utilizzati (evidenziando anche le domande aperte e i campi di miglioramento).
Passo 3: in gruppo elaborazione grafica in forma di mappa del percorso progettuale, del senso del progetto, dei riferimenti utilizzati.
Passo 4: illustrazione della mappa al gruppo aula

Presupposti teorici e metodi:
- Apprendimento organizzativo
- Archeologia del sapere (Michel Foucault)
- Atlante della memoria (Aby Warburg)
- Genealogia (Friedrich Nietzsche)
- *Lifelong learning*
- Pedagogia per il terzo millennio - Traslazione-Normalizzazione (Patrizio Paoletti)
- Pensiero creativo
- Pensiero riflessivo
- Teatro della memoria (Giulio Camillo Delminio)

- Teoria dei gruppi e teoria dei tipi logici
- *Wunderkammer*

Risultati attesi/Obiettivo/Consapevolezze raggiunte:
acquisizione di strumenti e di procedure per monitorare e ricostruire il processo creativo finalizzato al progetto di architettura; acquisizione di strumenti efficaci di sintesi per una esposizione efficace del progetto al fine di farne comprendere gli aspetti cruciali e significativi; consolidamento delle competenze esercitate nel percorso creativo con la memorizzazione/archiviazione di quelle come materiale permanentemente disponibile.

Ambiti disciplinari coinvolti (progetto e facilitazione della elaborazione finale/esperienza):
Storia dell'Architettura

Materiali di lavoro (schede, mappe, immagini, questionari):

Scheda:

- *(individuale) GENEALOGIA DEL PERCORSO FORMATIVO (relazione di 1 o 2 cartelle, corredata di una mappa in foglio A3)*
- *(in gruppo) GENEALOGIA DEL PROGETTO (tavola 70x100)*

Istruzioni:
Per costruire la mappa di GENEALOGIA DEL PROGETTO si forniscono le seguenti indicazioni:
- La mappa visualizzerà attraverso parole chiave, brevi annotazioni scritte, domande strategiche, immagini e schemi il processo ideativo del progetto, il senso che il progetto veicola e i riferimenti a cui rimanda.
- Come strumenti per approfondire, intensificare e sensibilizzarsi al compito di costruire il percorso ideativo e di significazione nel progetto sono stati condotti esercizi su alcune triadi, quadriadi e parole chiave:
- *forma/funzionamento/essenza*

- *elementi/relazioni/senso*
- *archetipi di abitare/architettura/luogo*
- *relazione dell'architettura con le scale: uomo/terra/cielo*
- *i 4 elementi di Semper: terrapieno/tetto/recinto/focolare*
- *i 4 elementi: terra/acqua/aria/fuoco*
- *essenza del luogo / valore universale del sito UNESCO ("i Sassi e il parco delle chiese rupestri di Matera")*
- *armonia (equilibrio dinamico tra differenze)*
- *il cubo e il lamione*
- *riferimenti per il progetto: tipi architettonici ed edilizi – modelli – suggestioni da altri linguaggi (letteratura, pittura, musica, …)*

Bibliografia:

- L. Bolzoni, *Il teatro della memoria. Studi su Giulio Camillo*, Liviana, Padova 1984
- L. Bolzoni, *La stanza della memoria. Modelli letterari e iconografici nell'età della stampa*, Einaudi, Torino 1995
- E. Boncinelli, *Come nascono le idee*, Laterza, Bari 2010
- Donald A. Schon, *Il professionista riflessivo. Per una nuova epistemologia della pratica professionale*, Dedalo, Bari 1993 (New York 1983)
- K. W: Forster, K. Mazzucco (a cura di M. Centanni), *Introduzione a Aby Warburg e all'Atlante della Memoria*, Mondadori, Milano 2002
- M. Foucault, *L'archeologia del sapere. Una metodologia per la storia della cultura*, Rizzoli, Milano 1999 (Paris 1969)
- H. Gardner, *Cinque chiavi per il futuro*, Feltrinelli, Milano 2009 (Boston 2006)
- D. Goleman, *Intelligenza sociale*, Rizzoli, Milano 2006 (New York 2006)
- W. Harman, H. Rheingold, *Creatività superiore. Come liberare le intuizioni dell'inconscio*, Astrolabio, Roma 1986 (Los Angeles 1984)
- Edgar Morin, *I sette saperi necessari all'educazione del futuro*, Raffaello Cortina editore, Milano 2001 (Paris, UNESCO 1999)
- F. Nietzsche, *Genealogia della morale. Uno scritto polemico*, Adelphi, Milano 2007 (Leipzig 1887)
- P. Paoletti, A. Selvaggio, *Traslazione*, Edizioni 3P, Bastia Umbra (PG) 2012
- P. Paoletti, A. Selvaggio, *Normalizzazione*, Edizioni 3P, Bastia Umbra (PG) 2013

- P. M. Senge, *La quinta disciplina. L'arte e la pratica dell'apprendimento organizzativo*, Sperling & Kupfer, Milano 1995 (New York 1990)
- P. Watzlawick, J. H. Weakland, R. Fisch, *Change. Sulla formazione e la soluzione dei problemi*, Astrolabio, Roma 1974 (New York 1974)

CONCLUSIONI

Sintetizzo dall'itinerario tracciato alcune idee chiave in forma di conclusioni provvisorie.

Una prima comprensione riguarda la relazione tra oggettività e soggettività. Siamo fatti di natura e di cultura, di fisiologia e di stratificazione di memorie, ed esprimiamo questa combinazione nella relazione con il mondo, e nella nostra interpretazione del mondo. La fisiologia, che è comune a tutti gli umani, e che per questo esprime un piano oggettivo, costituisce il meccanismo di funzionamento attraverso cui si produce la nostra soggettività, che è relativa poiché corrisponde ad un punto di vista singolare. Dunque, la relazione tra oggettività e soggettività, tra natura e cultura, tra fisiologia e memorie acquisite è un terreno di indagine che può essere trattato volta per volta in termini di relazioni tra processi e contenuti, in termini di gerarchie tra livelli logici, tra linguaggi e meta-linguaggi, in termini di scale.

La storiografia è il sapere del tempo umano, fatto delle sue narrazioni, tra tempo fenomenico e tempo cosmologico, tra statuti conoscitivi deboli e forti, tra oggettività e soggettività. La consapevolezza dello storico ha a che fare con la comprensione delle scale tra i fenomeni, con la sensibilità a comprendere a quali livelli logici corrispondono i cambiamenti osservati, le cesure, gli inizi, e di conseguenza a distinguere continuità e invarianze da discontinuità e da persistenze in termini di livelli, e da cambiamenti in termini di salti di livello.

Una seconda comprensione riguarda il ruolo dello storico. Se l'interpretazione della realtà dipende dall'amalgama di fisiologia e memorie, di livelli logici differenti, di processi e contenuti (la registrazione dei dati e la loro interpretazione), di oggettività e soggettività, il lavoro dello storico, oltre ad assumere un comportamento e un'attitudine indirizzati al rigore del metodo, alla sensibilità a discernere tra livelli logici, all'allenamento a riconoscere gli strati interpretativi che ricoprono i dati, deve chiarirsi e deve esplicitare la finalità, lo scopo del proprio operare. Trovo il senso di questo lavoro e l'utilità della storiografia nella sua capacità di ristrutturare il passato liberando il presente che così può cogliere tutte le potenzialità che contiene. Questo intendo con la storia per la vita. Con genealogia del presente intendo la storiografia come strumento per liberare il presente, ristrutturando il passato a partire da questo "ora", e così restituire al presente le sue potenzialità e aprirlo alla novità di uno sguardo capace di meravigliarsi.

Una terza comprensione riguarda il ruolo della didattica della storia. Oltre a fornire una dotazione di informazioni storiche, l'obiettivo formativo diventa insegnare a costruire la storia. Ogni uomo costruisce la narrazione della propria storia e contribuisce a costruire la narrazione della storia della propria epoca. In questa prospettiva la didattica della storia ha un ruolo educativo di orientamento per vivere il nostro tempo in maniera consapevole e autodeterminata, aiutando a costruire gli obiettivi e a riconoscere le motivazioni, acquisendo strumenti, metodi, procedure di lettura della realtà storica, ovvero la realtà di ogni esperienza umana, che è scandita dal trascorrere del tempo ed è sociale poiché indissolubilmente legata agli altri.

Ancora, alcuni appunti come prospettive di ricerca e di futuro.
Ho iniziato posizionandomi con le domande su dove sono, verso quale meta oriento il mio sguardo, con quali strategie e strumenti navigo verso quell'orizzonte; ed aggiungo a questa procedura per muovermi l'allenamento ad ampliare la visuale, con cui è possibile ristrutturare l'itinerario su un nuovo livello di comprensione e con cui si può approfondire il senso del fare.
E dunque, altre domande.
Perché la mente non scopre mai niente di nuovo, restando sempre nel regno del già conosciuto?
I condizionamenti, il serbatoio delle memorie, l'accumulo di informazioni e di giudizi a cui attinge sembrano essere il suo orizzonte, la cortina oltre la quale non riesco a guardare.
Però posso allenarmi a vedere i miei condizionamenti, e magari scoprire che ogni mia idea arriva da chissà dove, che sono piena di

pre-concetti, pre-giudizi, e che in verità non so nulla. E se non so, allora non mi affiderò alla memoria per cercare una risposta, ma farò domande cercando di tenerle sospese, aperte in un tempo che mi sottragga ai soliti automatismi delle risposte preconfezionate.

Il lavoro di smontaggio di ogni nozione per imparare a vedere le lenti con cui guardo la realtà può allenarmi a uno sguardo senza giudizio, a una nuova attenzione alle cose, ad una nuova intensità di relazione con le cose.

Nel lavoro dello storico si può dunque considerare strategica l'attitudine a vedere i paradigmi, i contesti epistemologici, i modelli mentali entro cui agiamo come individui, come gruppi, come società. E forse la distanza richiesta per statuto allo storico può essere vista in questa luce, ovvero come tensione a vedere senza giudicare, senza pregiudizio, alla ricerca di una nuova e più ampia attenzione. Ma questo implica nuove capacità, un nuovo modo di utilizzarsi, e credo che lo stesso sforzo continuato nella direzione diventi l'allenamento con cui potranno prodursi le nuove capacità.

Un'altra considerazione riguarda il dove siamo oggi lungo la linea evolutiva della nostra specie sulla Terra. La nostra crescita esponenziale in demografia e in potenza tecnologica ci colloca oggi in prossimità di un limite. Questa misura demografica e le modalità di vita ci pongono oggi di fronte alla limitatezza delle risorse, resa più grave da un accesso diseguale alle stesse, dove i tempi di consumo superano i tempi di rigenerazione delle risorse energetiche e la popolazione consuma anche la dotazione destinata alle generazioni future. Stiamo vivendo, e ne siamo anche causa, una straordinaria accelerazione dei tempi delle variazioni ambientali. Si sta invertendo l'asimmetria tra "tempo ecologico" e "tempo storico" poiché, a confronto con i tempi dell'evoluzione della vita sulla terra e dei tempi dei mutamenti ecologici corrispondenti, nella storia dell'uomo che costituisce solo l'ultimo breve periodo di poche migliaia di anni nella storia della vita sulla terra, i mutamenti ecologici appaiono oggi accelerati in maniera esponenziale e indotti dalla tecnologia in tempi storici brevissimi. La storia della specie umana si era sviluppata fino ad oggi in un tempo in cui i cambiamenti climatici e ambientali non erano percepibili nell'arco di vita di una o di poche generazioni, e pertanto erano percepite dalla storiografia delle civiltà come delle costanti. Oggi questo sta cambiando e la storiografia del nostro tempo deve confrontarsi con questa novità. La variazione ambientale diventa un fenomeno storico, ovvero entra nella scala storica della vita di un uomo.

Ma c'è di più, siamo in prossimità di un limite, abbiamo popolato l'intera Terra avvicinandoci al limite di capacità del pianeta di sostenere tale popolamento, e iniziamo a incontrare "effetti soglia", ovvero variazioni che si manifestano repentinamente e senza preavviso e con gravi conseguenze per l'ambiente e quindi per la nostra vita. A questo punto la conoscenza del passato diventa inefficace per prevedere il futuro lungo una stessa linea, e forse siamo in prossimità di un cambiamento che comporta un cambio di scala, un cambiamento di livello logico. Questa soglia potrebbe essere il luogo di un cambiamento della portata di una nuova mutazione genetica, di una nuova selezione genetica all'interno del nostro cervello, come quelle avvenute con il passaggio ad *homo sapiens* o alla nascita dell'agricoltura? E noi umani potremmo questa volta avere un ruolo attivo, e quindi di responsabilità, in questa mutazione?

Mi guardo intorno per cercare segni per orientarmi a questo cambiamento di livello logico, e trovo interessante il dato che, nella storia coeva dello sviluppo delle scienze meccaniche e della tecnologia, sia in corso una sostituzione graduale delle tecnologie pesanti con altre più leggere, passando dalla macchina che potenzia o sostituisce il corpo con delle protesi ingombranti e meccaniche, a una tecnologia che si avvicina a riprodurre il rapporto sensoriale con il mondo. L'attenzione a costruire tecnologie che agiscono all'esterno di noi si sta trasformando nell'attenzione a costruire tecnologie che agiscono in una modalità percepita come quasi naturale/corporea, dove ad esempio l'esperienza tattile è riprodotta virtualmente, come nei dispositivi *touch*, dunque in uno spazio sul confine tra interno ed esterno. E' come se stessimo virando da un piano più greve, ad uno più sottile, dal tangibile verso una maggiore attenzione all'intangibile, dall'esterno visibile all'invisibile (interno?). E questa sequenza fa pensare che il prossimo passo sarà una tecnologia interiore , la conoscenza e l'utilizzo delle capacità potenziali ancora non utilizzate ordinariamente dall'uomo. Mi ha colpito la visione del futuro rappresentata nel film di Coline Serreau, del 1996, *La belle verte*, in cui umani più evoluti di noi, abitanti di un piccolo pianeta gemello della Terra, vivono una coesistenza pacifica e in armonia con la natura, dove la tecnologia utilizzata è solo quella interiore, un eden dove non occorrono più protesi materiali e nemmeno rifugi (non ci sono più case ne città), dove la conoscenza è lo sviluppo dei potenziali dell'uomo, dove la comunicazione è diventata oggettiva e la più alta forma di arte è l'ascolto del silenzio.

Nella scrittura di questo libro, durata qualche anno, sono cambiate alcune idee dentro di me e se ne sono chiarite e dettagliate altre. Ho compreso intimamente come da un lato lo sviluppo della specie umana porti con se effetti automatici legati alla crescita - e questa comprensione abbatte la recriminazione verso le incapacità della nostra specie - ; dall'altro lato vedo nella sua storia la possibilità e l'utilità di cogliere una genealogia evolutiva, ovvero una sequenza selezionata di eccellenze da poter leggere in chiave di procedura di processo, che porta da un passaggio ad un altro, lungo una precisa successione. In quest'ottica ogni epoca è, in sequenza, un gradino verso una migliore e più ampia comprensione. E le procedure ci guidano nell'allenamento per raggiungere nuove abilità e nuove comprensioni: così, insieme a una genealogia del presente, anche una genealogia evolutiva fa della storia uno strumento utile alla vita.

Un amico mi ha chiesto a chi fosse indirizzato questo libro. Mi sono chiesta, per rispondere alla domanda, quale ruolo mi riconosco, e sento di voler contribuire per partecipare al cambiamento che diventa necessario per il futuro della nostra specie, forse una nuova sfida evolutiva che ci troviamo ad affrontare come umani. Posso essere utile col mio lavoro di storica e di insegnante usando la storia come genealogia del presente, per allenarci a ristrutturare il passato per cogliere le potenzialità di questo "ora"; raccontando la storia come genealogia evolutiva sottolineando la sequenza delle nostre migliori *performance*; usando le competenze della storiografia per allenare abilità e per contagiare la fiducia nelle nostre possibilità. Dunque, mi rivolgo al mondo della formazione dove svolgo la mia attività lavorativa, ai colleghi insegnanti, agli studenti, a chi governa il presente e progetta il futuro del sistema formativo e delle istituzioni scolastiche e universitarie, e a tutti coloro che vogliono confrontarsi sul delicato e affascinante tema dell'apprendimento.

BIBLIOGRAFIA

• ABBOTT E., *Flatlandia, racconto fantastico a più dimensioni*, Adelphi, Milano 1966 (London 1884)

• ARGAN G. C., BONITO OLIVA A., *L'arte moderna 1770-1970, L'arte oltre il Duemila*, Sansoni, Firenze 2007 (2002)

• ARGAN G. C., FAGIOLO M., *Guida alla storia dell'Arte*, Sansoni, Firenze 1974

• AUTHIER M., LEVY P., *Gli alberi di conoscenze. Educazione e gestione dinamica delle competenze*, Feltrinelli, Milano 2000 (Paris 1992)

• BATESON G., *Verso un'ecologia della mente*, Adelphi, Milano 2001 (New York 1972)

• BENCIVENGA E., *Manifesto per un mondo senza lavoro*, GEI, Roma 2012

• BENJAMIN W., *Die Wiederkehr des Flaneurs*, in F. Hessel, *Spazieren in Berlin*, "Die literarische Welt", V, n. 40, 4 ottobre 1929

• BENJAMIN W., *Infanzia berlinese*, Einaudi, Torino 1981 (Frankfurt am Main 1950)

• BENJAMIN W., *Angelus novus. Saggi e frammenti*, Einaudi, Torino 1981 (Frankfurt am Main 1955)

• BENJAMIN W., *Immagini di città*, Einaudi, Torino 1980 (Frankfurt am Main 1955)

• BENJAMIN W., *Parigi capitale del XIX secolo. I "passages" di Parigi*, Einaudi, Torino 1986 (Frankfurt am Main 1982)

• BERGSON H., *L'evoluzione creatrice*, Raffaello Cortina editore, Milano 2002 (Paris 1907)

• BING G., *Aby M. Warburg*, in "Rivista storica italiana" LXXII

(1960)

• BLOCH M., *I re taumaturghi. Studi sul carattere sovrannaturale attribuito alla potenza dei re particolarmente in Francia e in Inghilterra*, Einaudi, Torino 1973 (Strasbourg-Paris 1924)

• BLOCH M., *Apologia della storia o mestiere di storico*, Einaudi, Torino 1976 (Paris 1949)

• BOCCHI G., CERUTI M., *Origini di storie*, Feltrinelli, Milano 2000 (1993)

• BOLTE TAYLOR J., *La scoperta del giardino della mente. Cosa ho imparato dal mio ictus cerebrale*, Mondadori, Milano 2009 (USA 2008)

• BOLZONI L., *Il teatro della memoria. Studi su Giulio Camillo*, Liviana, Padova 1984

• BOLZONI L., *La stanza della memoria. Modelli letterari e iconografici nell'età della stampa*, Einaudi, Torino 1995

• BONCINELLI E., *Come nascono le idee*, Laterza, Bari 2010

• BRANDI C., *Struttura e architettura*, Einaudi, Torino 1967

• BRAUDEL F., *Il Mediterraneo. Lo spazio la storia gli uomini le tradizioni*, Bompiani, Milano 2002 (Paris 1985)

• BRAUDEL F., *Una lezione di storia. Chateauvallon Giornate Fernand Braudel 18,19,20 ottobre 1985*, Einaudi, Torino 1988 (Paris 1986)

• BRAUDEL F., *Storia misura del mondo*, Il Mulino, Bologna 1997 (Paris 1997)

• BRUSA A., *Piccole storie 1. Giochi e racconti di preistoria per la primaria e la scuola dell'infanzia*, La Meridiana, Molfetta 2012

• CAPRA F., *Il tao della fisica*, Adelphi, Milano 2005 (New York 1975)

• CAPRA F., *La scienza universale: arte e natura nel genio di Leonardo*, Milano 2007 (New York 2007)

• CAPRA F., *La botanica di Leonardo: un discorso sulla scienza della qualità*, Sansepolcro 2008

• CAPRA F., *L'anima di Leonardo: un genio alla ricerca del segreto della vita*, Rizzoli, Milano 2012

• CARERI F., *Walkscapes. Camminare come pratica estetica*, Einaudi, Torino 2006

• CASTIGLIONE B., *Il libro del Cortegiano*, Garzanti, Milano 2000 (Venezia 1528)

• COLONNA A., FIORE D., *Idee per un laboratorio partecipato*, in Comune di Matera, *Matera: i Sassi e il Parco della chiese rupestri. Verso il Piano di gestione del sito UNESCO*, Matera 2012

• COLONNA A., *Fenomenologia e Storiografia per una "Genealogia del Presente"*, in "AR. Cadernos F.A.U.T.L.", n°8, Lisboa, marzo 2013, atti del Primo Seminario Internazionale "Fenomenologia e Genealogia dell'Architettura (di Lisbona)"

• DECANDIA L., *L'apprendimento come esperienza estetica. Una comunità di pratiche in azione*, Franco Angeli, Milano 2011

• DI FIORE L., MERIGGI M., *World History. Le nuove rotte della storia*, Laterza, Milano-Bari 2011

• DROSTE M., a cura del Bauhaus-Archiv Museum fur Gestaltung, *Bauhaus 1919-1933*, Taschen, 2006

• DUBY G., *La domenica di Bouvines*, Einaudi, Torino 2010 (Paris 1973)

• FARE' I. (a cura di), *Il discorso dei luoghi. Genesi e avventure dell'ordine moderno*, Liguori, Napoli 1992

• FIEDLER J. (a cura di), *Bauhaus*, Tandem Verlag GmbH, 2006

• FIORE D., MONTINARO C., MERLETTO P., *Bozza del Piano di gestione*, in Comune di Matera, *Matera: i Sassi e il Parco della chiese rupestri. Verso il Piano di gestione del sito UNESCO*, Matera 2012

• FORSTER K. W., MAZZUCCO K. (a cura di CENTANNI M.), *Introduzione ad Aby Warburg e all'Atlante della Memoria*, Mondadori, Milano 2002

• FOSCARI A., TAFURI M., *L'armonia e i conflitti. La chiesa di San Francesco della Vigna nella Venezia del '500*, Einaudi, Torino 1983

• FOUCAULT M., *L'archeologia del sapere. Una metodologia per la storia della cultura*, Rizzoli, Milano 1999 (Paris 1969)

• FOUCAULT M., *Il discorso, la storia, la verità (interventi 1969-'84)* (a cura di M. Bertani), Einaudi, Torino 2001 (1972)

• GALLAGHER S., ZAHAVI D., *La mente fenomenologica. Filosofia della mente e scienze cognitive*, Raffaello Cortina Editore, Milano 2009 (Abingdon, Oxon 2008)

• GARDNER H., *Cinque chiavi per il futuro*, Feltrinelli, Milano 2009 (Boston 2006)

• GAZZANIGA M. S., *Human. Quel che ci rende unici*, Raffaello Cortina, Milano 2009 (New York 2008)

• GINZBURG C., *Miti emblemi spie. Morfologia e storia*, Einaudi, Torino 2000

• GINZBURG C., *Il filo e le tracce. Vero falso finto*, Feltrinelli, Milano 2006

• GINZBURG C., PROSPERI A., *Giochi di pazienza. Un seminario sul "Beneficio di Cristo"*, Einaudi, Torino 1975

• GIUFFRE' A., CAROCCI C., *Codice di pratica per la sicurezza e la conservazione dei Sassi di Matera*, edizioni La Bautta, Matera 1997

• GOLEMAN D., *Intelligenza sociale*, Rizzoli, Milano 2006 (New York 2006)

• HARMAN W., RHEINGOLD H., *Creatività superiore. Come liberare le intuizioni dell'inconscio*, Astrolabio, Roma 1986 (Los Angeles 1984)

• HERSEY G., *Il significato nascosto dell'architettura classica*, Mondatori, Milano 2001 (Cambridge 1988)

• HUSSERL E., *Sulla fenomenologia dell'intersoggettività III* (Husserliana 15), (Springer, Berlin 1929-1935)

• IACOBONI M., *I neuroni specchio. Come capiamo ciò che fanno gli altri*, Bollati Boringhieri, Torino 2008

• IDRISI M. H. (a cura di), *Méditerranée. Une Histoire à partager*, Bayard - Association Marseille Provence 2013 - Scérén, Paris 2013

• JODOROWSKY A., *Psicomagia. Una terapia panica*, Feltrinelli, Torino 2006 (Alejandro Jodorowsky 1995)

• JODOROWSKY A., *La danza della realtà*, Feltrinelli, Milano 2004

• JODOROWSKY C., *Il collare della tigre. Autobiografia psicomagica di uno sciamano occidentale*, Adriano Salani editore, Milano 2008 (Cristobal Jodorowsky 2007)

• KANDINSKY W., *Lo spirituale nell'arte*, SE, Milano 2005 (Munken 1912)

• KANDINSKY W., *Punto linea superficie*, Adelphi, Milano 2008 (Munken 1925)

• KLEE P., *Quaderno di schizzi pedagogici* (a cura di M. Lupano), Abscondita, Milano 2002, (Munken 1925)

• KOESTLER A., *L'atto della creazione*, Astrolabio, Roma 1975 (New York 1964)

• LANCIANO N., *Villa Adriana tra terra e cielo. Percorsi guidati dai testi di Marguerte Yourcenar*, Apeiron Editori, Roma 2003

• LAUGIER M. A., *Essai sur l'architecture*, Paris 1755 (1753); traduzione italiana a cura di V. UGO, *Saggio sull'architettura*, Aestetica, Palermo 1987

• LAUREANO P., *Iscrizione alla lista del patrimonio mondiale*, in Comune di Matera, *Matera: i Sassi e il Parco della chiese rupestri. Verso il Piano di gestione del sito UNESCO*, Matera 2012

• LE GOFF J., *Il tempo continuo della storia*, Laterza, Bari 2014 (Edition du Seuil, 2014)

• LYNCH K., *L'immagine della città*, Marsilio, Venezia 1975 (Harvard - MIT Joint Center for Urbam Studies Series 1960)

• MANNING P., *Navigating world history: historians create a global past*, Palgrave, New York 2003

• MERLEAU-PONTY M., *Fenomenologia della percezione*, il Saggiatore, Milano 1980 (Paris 1945)

• MORIN E., *I sette saperi necessari all'educazione del futuro*, Raffaello Cortina editore, Milano 2001 (Paris, UNESCO 1999)

• NIETZSCHE F., *Considerazioni inattuali*, Torino 1981 (Lipsia-Chemnitz 1873-1876)

• NIETZSCHE F., *Genealogia della morale. Uno scritto polemico*, Adelphi, Milano 2007 (Leipzig 1887)

• NIETZSCHE F., Aurora. *Pensieri sui pregiudizi morali*, Newton Compton, Roma 1981 (Chemnitz 1881)

• OWEN H., *Open space technology. Guida all'uso*, Genius Loci Editore, Milano 2008 (San Francisco 1997)

• PANOFSKY E., *La prospettiva come forma simbolica*, Feltrinelli, Milano 1984 (Leipzig-Berlin 1927)

• PANOFSKY E., *Il significato delle arti visive*, Einaudi, Torino 1962 (New York 1955)

• PANOFSKY E., *Rinascimento e rinascenze nell'arte occidentale*, Feltrinelli, Milano 1991 (Stockholm 1960)

• PAOLETTI P., *Quando imparare è facile. Amare, vivere, crescere oggi* , Infinito edizioni, Castel Gandolfo (Roma) 2007

- PAOLETTI P., *Crescere nell'eccellenza. Una pedagogia per il terzo millennio. Idee e tecniche per il continuo miglioramento*, Armando editore, Roma 2008

- PAOLETTI P., *Alla scoperta delle emozioni. Gli occhi di un adolescente incontrano il mondo*, Infinito edizioni, Castel Gandolfo (Roma) 2009

- PAOLETTI P., *La vita nelle tue mani*, Infinito edizioni, Castel Gandolfo (Roma) 2010

- PAOLETTI P., *21 minuti. I saperi dell'eccellenza. Le idee salveranno l'Europa*, Edizioni 3 P, Bastia Umbra-Pg 2011

- PAOLETTI P., SELVAGGIO A., *Osservazione*, Edizioni 3P, Bastia Umbra (PG) 2011

- PAOLETTI P., SELVAGGIO A., *Mediazione*, Edizioni 3P, Bastia Umbra (PG) 2011

- PAOLETTI P., SELVAGGIO A., *Traslazione*, Edizioni 3P, Bastia Umbra (PG) 2012

- PAOLETTI P., SELVAGGIO A., *Normalizzazione*, Edizioni 3P, Bastia Umbra (PG) 2013

- PAOLETTI P., *Inner design technology*, InformaAzione srl, Santa Maria degli Angeli (PG) 2013

- PATETTA L., *L'architettura dell'Eclettismo. Fonti, teorie, modelli 1750-1900*, Gabriele Mazzotta editore, Milano 1975

- PATETTA L., *Storia dell'architettura. Antologia critica*, Maggioli editore, Segrate (MI) 2008

- PEREC G., *Specie di spazi*, Bollati Boringhieri, Torino 1996 (Paris 1974)

- PORCARELLI A., Indicazioni Nazionali, in "Voci della Scuola", Tecnodid, Napoli, 2004

- PROUST M., *Alla ricerca del tempo perduto*, Einaudi, Torino 1978 (Paris 1913 - 1927)

- QUITZSCH H., *La visione estetica di Semper*, seguito da G. SEMPER, *I 4 elementi dell'architettura*, Jaca Book, Milano 1991 (Berlin 1962)

- RELLA F., *Il silenzio e le parole. Il pensiero nel tempo della crisi*, Milano, Feltrinelli, 1981

- RENFREW C., *Preistoria. L'alba della mente umana*, Einaudi, Torino 2011 (London 2007)

- RESTUCCI A. (a cura di), *Matera i Sassi. Manuale del recupero*, Electa, Milano 1998.

- RICOEUR P., *Il tempo raccontato*, Jaca Book, Milano 1988 (Paris 1985)

- RIZZOLATTI G., SINISGAGLIA C., *So quel che fai. Il cervello che agisce e i neuroni specchio*, Raffaello Cortina, Milano 2006

- ROSENBERG D., GRAFTON A., *Cartographies of Time. A History of the Timeline*, Princeton Architectural Press, New York 2010

- ROSSI PINELLI O. (a cura di), *La storia delle storie dell'arte*, Einaudi, Torino 2014

- RYKWERT J., *L'idea di città. Antropologia della forma urbana nel mondo antico*, Adelphi, Milano 2002 (Amsterdam 1963)

- RYKWERT J., *La casa di Adamo in paradiso*, Mondadori, Milano 1977 (MoMA, New York 1972)

- SCHON D. A., *Il professionista riflessivo. Per una nuova epistemologia della pratica professionale*, Dedalo, Bari 1993 (New York 1983)

- SEMPER G., *Die Vier Elementen der Baukunst*, Braunschweig 1851

- SENGE P. M., *La quinta disciplina. L'arte e la pratica dell'apprendimento organizzativo*, Sperling & Kupfer Editori, Milano 1995 (New York 1990)

- SERRES M., Roma, *Il libro delle fondazioni*, Hopefulmonster, Firenze 1991 (Paris 1983)

- SERRES M., *Le origini della geometria*, Feltrinelli, Milano 1995 (Paris 1993)

- SERRES M., *Lucrezio o l'origine della fisica*, Sellerio, Palermo 2000 (Paris 1977)

- SERRES M., *Hominescence*, Paris 2001

- SNODGRASS A., *Architettura, tempo, eternità. Il simbolismo degli astri e del tempo nell'architettura della Tradizione*, Mondadori, Milano 2008 (New Delhi 1990)

- TAFURI M., *Un contributo alla comprensione della vicenda storica dei Sassi*, in Repubblica italiana, *Concorso internazionale sui Sassi di Matera*, Matera 1974

- TAFURI M., *La sfera e il labirinto. Avanguardie e architettura da Piranesi agli anni '70*, Einaudi, Torino 1980

- TAFURI M., *Venezia e il Rinascimento*, Einaudi, Torino 1985

- TIEZZI E., *Tempi storici tempi biologici. Vent'anni dopo*, Donzelli, Roma 2001

- VALENZIANO C. (a cura di), *La basilica cattedrale di Cefalù. Materiali per la conoscenza storica e il restauro. 5 Lettura liturgico-teologica della basilica ruggeriana*, Epos, Palermo 1987

- WATZLAWICK P., *La realtà della realtà. Comunicazione-Disinformazione-Confusione*, Astrolabio, Roma 1976 (Random House 1976)

- WATZLAWICK P., BEAVIN J.H., JACKSON D.D., *Pragmatica della comunicazione umana. Studio dei modelli interattivi delle patologie e dei paradossi*, Astrolabio, Roma 1971 (New York 1967)

- WATZLAWICK P., WEAKLAND J. H., FISCH R., *Change. Sulla formazione e la soluzione dei problemi*, Astrolabio, Roma 1974 (New York 1974)

- WORRINGER W., *Astrazione ed empatia*, Einaudi, Torino 1975

(Munchen 1908)

• YOURCENAR M., *Memorie di Adriano*, Einaudi, Torino 1981 (Paris 1951)

• ZEKI S., *Con gli occhi del cervello. Immagini, luci, colori*, Di Renzo, Roma 2011 (2008)

INDICE

Calebasse edizioni,
Via Rocco Scotellaro, 18
85100, Potenza

www.ingramcontent.com/pod-product-compliance
Lightning Source LLC
Chambersburg PA
CBHW071117280326
41935CB00010B/1038